顺德区教育科学“十二五规划”重点课题成果

长效热点与高中历史教学

主　编：余　逸
副主编：张　欢
编　委：郑汉杰　冯艳玲
缪海湄　杨小娟

广东高等教育出版社
Guangdong Higher Education Press
·广州·

图书在版编目（CIP）数据

长效热点与高中历史教学/余逸主编．—广州：广东高等教育出版社，2020. 10

ISBN 978－7－5361－6851－0

Ⅰ．①长…　Ⅱ．①余…　Ⅲ．①中学历史课－课堂教学－教学研究－高中　Ⅳ．①G633. 512

中国版本图书馆 CIP 数据核字（2020）第 163921 号

出版发行	广东高等教育出版社 地址：广州市天河区林和西横路 邮政编码：510500　电话：（020）87554153　87551183 http://www. gdgjs. com. cn
印　　刷	广州市穗彩印务有限公司
开　　本	889 毫米×1 240 毫米　1/32
印　　张	3. 375
字　　数	85 千
版　　次	2020 年 10 月第 1 版
印　　次	2020 年 10 月第 1 次印刷
定　　价	23. 00 元

曲径通幽处，禅房花木深

——为《长效热点与高中历史教学》序

欣闻顺德区教育发展中心教研室主任余逸先生主编的《长效热点与高中历史教学》一书即将出版，我在此表示热烈的祝贺！

随着新课程改革的不断深入，高中课程改革取得的成果层出不穷。而激活高中历史教学，就应该做到溯源汲古、吐故纳新，培养学生独立思考和分析问题的能力。余逸主任一直工作在高中历史教学一线，长期关注历史课堂教学的趣味性和有效性，已推出过重要的公开课并发表了相关论文。早在多年前，余主任就从“长效热点”的视角开展历史课堂教学研究，并申请到了顺德区教育科学研究室“十二五规划”重点规划课题。在他的主持和带领下，课题组围绕岳麓版高中历史教材，深入钻研课程开发，从创新编制导学案到区级公开课，再到写成研究论文并在《中学历史教学参考》《中学历史教学》等刊物发表，取得了一系列教研成果，目前该课题已经顺利结题。

《长效热点与高中历史教学》一书将理论探索和实践探索密切结合，以案例为载体进行案例分析与反思，主要是围绕“长效热点”，深入挖掘概念内涵，通过多节示范课和合作探究案范例，对长效热点视角下中学历史课堂教学的有效性进行了较为深入的剖析和探究。这对新课标、新教材、新课程、新高考下的高中历史教学与研究具有重要的启示意义和借鉴意义。

翻看这本书时，我很自然地想起 2017 年 9 月份余逸主任邀请我参加课题组研讨会的情形。在那次会议上我对余逸主任和他的团队开展的“热点 + 历史”课型探索给予了很高的评价，认为他们对历史课堂的内涵、历史课堂的生态、历史课堂的价值追求等方面开展了可喜可贺的探索，同时提出了一系列不成熟的看法。

“热点 + 历史”课型的课堂，是学生的自主课堂、合作课堂和民主课堂，可使教学生态焕然一新。由于“热点”的嵌入，激活了历史，映照了现实，启迪了思维，在课堂上学生或沉思，或发思古之幽情，或彼此辩论辨析历史，等等，教师则根据教学内容引导学生开展自主学习、合作学习。我们欣喜地看到课堂上学生的理性精神、表达能力得以提升。

“热点 + 历史”课型的课堂，有利于解决课堂的逻辑矛盾，有效提升课堂效率。目前，“学生认知逻辑、教师认知逻辑和考试认知逻辑”这三种逻辑之间存在差距，这就需要我们的课堂去解决，我认为，这些问题只有在情境中才能有效解决。“长效热点”正是一个很好的视角、很好的一种情境设计。师生在“热点”情境的基础上提出有价值、有意义的历史问题，然后展开探讨，在此过程中教师引导学生逐渐认识和运用唯物史观、时空观对相关历史进行史论结合、以史为鉴的历史认识，促进学生家国情怀的培育。

希望这本书的出版对高中历史教学和研究带来新的启发。我也特别期待有更多的历史教师在这本书成果的基础上，较好地借鉴运用，举一反三，真正提高历史教学的有效性，促进历史学科核心素养落地。

当然，本书的出版是余主任带领的课题组所取得的阶段性成果。书中提到“时政热点”视角的研究在教学中的运用不够灵活，在提炼“热点 + 历史”课型的基本模式方面还有较大的研究空间等问题，这就为进一步研究提出了新的要求和动力。希望他们能够再接再厉，在新的征程上取得新的成果。

是为序。

魏恤民

2020 年 2 月

前　　言

探寻历史真相，总结历史经验，认识历史规律，顺应历史发展趋势，是历史学的重要社会功能。① 而找寻历史教学的有效方法和做法正是贯彻落实这一思想观点的应有之义。

一、本书的核心概念

本书的核心概念——“长效热点”，概括起来，是指100多年来对国家命运和社会发展具有重大意义或造成重大困扰的问题，主要包括主权独立、思想解放、对内改革、对外开放、经济现代化以及与之密切相关的人口、教育、资源、战争、疾疫等。

教育部考试中心制定的《中国高考评价体系》指出，高考评价体系主要由“一核”“四层”“四翼”三部分组成。其中，“四翼”包括基础性、综合性、应用性和创新性。“应用性要求以贴近时代、贴近社会、贴近生活的生活实践或学习探索问题情境为载体，将陈述性知识与程序性知识的有机整合和运用作为考查目标，设计生产生活中的实际问题，体现对即将进入高等学校的学

① 中华人民共和国教育部．普通高中历史课程标准（2017年版）［M］．北京：人民教育出版社，2018：1.

习者迁移课堂所学内容、理论联系实际水平的测量与评价。”① 长效热点思维有利于引导师生着眼于时代、社会和生活中的热点，增强时空观念，落实唯物史观，提高历史解释的能力。

《中国高考评价体系》还指出：“创新性要求创设合理情境，设置新颖的试题呈现方式和设问方式，要求对即将进入高等学校的学习者在新颖或陌生的情境中主动思考，完成开放性或探究性的任务，发现新问题、找到新规律、得出新结论的水平进行测量与评价。”② 本书提倡的长效热点思维有利于师生根据高中历史教学中的课程或命题素材，创设热点情境，激发学习和探究兴趣，训练史料实证能力，从而为家国情怀等核心素养的落地提供新的路径。

说到“热点”概念，我们很容易联想到“时事新闻”“时事热点”“热点大事”“焦点新闻”“社会热点”等词语，甚至时常混用等同。从这些概念出发，探讨提高语文、外语、地理、政治等学科在教学效率方面的文章也不计其数。比如，政治学科高考就多次涉及“党的建设”“经济增长方式”“国家宏观调控”“民族团结进步”“新能源问题”“城镇化问题”等长效性热点信息。③

历史教学一线的教师们近些年对长效热点已经有所探索。④ 本书在课题研究的基础上，结合教学实践，通过案例教学和分析，正式提出“长效热点”的概念并对概念进行明确界定，从长效热

---

① 教育部考试中心. 中国高考评价体系 [M]. 北京：人民教育出版社，2019：31.

② 教育部考试中心. 中国高考评价体系 [M]. 北京：人民教育出版社，2019：32.

③ 梁培兵. 紧盯长效热点　把握高考命脉：2010 年高异材同题分析 [J]. 中学政治教学参考，2010（7）：54.

④ 孙义满. 高中历史长效热点备考初探 [J]. 教育教学论坛，2014（5）：270－271.

点思维的视角对提高高中历史教学水平进行了初步的有益探索。

二、本书的结构和内容

本书的主体部分包括五个章节。第一章“长效热点的提出”侧重于对“长效热点”概念的界定及研究方法和意义。第二章“问卷调查及分析”侧重于原课题在研究过程中对教学效果的检验和反馈。第三章“案例应用与分析”从课堂教学实践方面和复习备考方面进行论证分析，并归纳出案例应用与研究的若干意义。第四章“命题应用与分析”主要是以历年全国卷高考真题和经典模拟题为例，从长效热点思维角度对命题规律及方法进行分析和挖掘，并指出了长效热点思维在命题研究中的意义。第五章“总结与反思”着重课题研究和本书撰写过程的初步总结与反思，期待取得新的进步，对高中历史教学产生一定的启迪意义。

三、本书的研究主旨

基于长效热点的核心概念以及本书的结构和内容，本书编者认为，从落实新课标的角度来看，长效热点思维与历史学科核心素养存在着较高的契合度。史料实证为长效热点思维提供了材料来源和认知依据，长效热点思维使史料实证更具有时代性；时空观念为长效热点思维提供了维度空间和演变脉络，长效热点思维使时空观念更具有超越性；唯物史观为长效热点思维提供了理论指导和规律指南，长效热点思维使唯物史观更具有厚重感；历史解释为长效热点思维提供了方向依托和能力水准，长效热点思维使历史解释更具有灵动性；家国情怀为长效热点思维提供了力量源泉和价值指向，长效热点思维使家国情怀更具温情。

目　录

第一章

长效热点的提出

第一节　概念内涵与理论支撑

说到“热点”，一般是指“引起广泛的社会关注度，形成了集中的讨论，并且值得讨论的事件，以及因为事件引起的各种观点的冲突”①。但与思想政治课提到的“热点时事”和“时事新闻”等概念不同，本书所谓长效热点，主要是指100多年来对国家命运和社会发展具有重大意义或造成重大困扰的问题，主要包括主权独立、思想解放、对内改革、对外开放、经济现代化以及与之密切相关的人口、教育、资源等。所谓“具有重大意义或造成重大困扰”则是指100多年以来，以上问题一直是国人持续关注、努力解决但还没有最终完成的重大命题，这些问题甚至还深刻地影响着当下和未来一段时间。②

所以，长效热点具有聚焦性、稳定性、持久性等特点。它自

① 温彦辉. 高中政治课要借助时事热点做文章［J］. 学周刊，2017(8)：82－83.

② 张欢，杨小娟. 基于时政热点视域下的近五年全国卷高考选择题研究:以中国近现代史考点为中心［J］. 中学历史教学，2019（3）：62－65.

然成为重要的历史教学资源，将历史课与长效热点相连，必然能够有效深化学生对历史课程的认识、对历史学习的认识，强化学生的长效热点思维，培养学生的历史责任感和社会责任感，使他们树立正确的世界观、人生观、价值观和历史观。

在高中历史教学一线的教师都有这样一个体会，如果仅仅就过去讲过去、就历史讲历史，无疑会将历史课堂抽象化，不利于学生真正理解历史和感悟历史。随着新一轮课程改革的不断深入，中学课程改革取得了较大的成果。但是，在当前的高中历史教学中仍存在很多问题，诸如在教学中拘泥于教材的条目，照本宣科；在教学中只重视历史知识间的线索与联系；教师独占课堂，缺乏学生参与；等等。笔者认为，这在很大程度上正是因为忽视了历史学科的现实意义，把丰富多彩的历史变成了枯燥陈述，进而使历史知识变得僵化而陌生，使得历史课堂也变得枯燥而乏味。要使我们的高中历史教学走出新路，就必须做到吐故纳新。其中之一就是要关注长效热点，激活并运用历史知识，溯源汲古，寻找问题的症结所在，培养学生独立思考、分析问题的能力，认识历史发展规律。①

加强长效热点问题的提炼与历史知识的整合，在高中历史教学中有一定的必要性，将历史和现实建立起联系，更有利于引导学生学习最“鲜活”的历史。

德国历史学家耶格尔说过：“历史意识并非只瞄向过去，历史恰恰是为了未来而回顾往事。”历史意识或历史感是学习和研究历史时必须具备的基本素养。历史、现实、未来是相通的。历史是过去的现实，现实是未来的历史。具备历史感的人往往能够对现实和过去的联系保持着敏锐感。

---

① 郑晓峰．试论时政热点与历史知识整合在高中教学中的应用［J］天津市教科院学报，2011（1）：76－77.

在高中历史教学中，教师根据教学内容适时联系长效热点，让学生将历史和长效性时政热点联系起来，则会有穿越时空之感，有对话先贤之慨，从而引发学生“神入”历史情境中开展有效学习。

布卢姆的“掌握学习”理论学说和布鲁纳的构建主义理论是西方教育学的重要理论。我们认为，在掌握了一定基础知识的基础上，教师引入相关长效热点情景材料，帮助学生在历史课堂中解决并生成新的问题，能形成更加系统的历史知识体系。

一、布卢姆“掌握学习”的理论学说

布卢姆认为，掌握学习教学策略的关键在于将系统的个别化“反馈—矫正”程序与常规的群体教学相结合，给予学生掌握所学内容所必需的时间，提供适当的教学条件和个别辅导，最大限度地挖掘每位学生的发展潜力，几乎每位学生都能完全掌握学习任务，教学应当使大部分学生都能掌握学习内容。① 这一理论的内容主要包括以下三个方面。

首先，学生具备必要的认知结构是掌握学习的前提。布卢姆认为，“学生具备从事每一个新的学习任务所需的认知条件越充分，他们对该学科的学习就越积极。”学生原有的认知结构决定着新的知识的输入、理解和接纳，对学习结果及其以后学习都有重大的影响。所以，他十分强调学生在学习前应具备所需的认知结构。

其次，学生积极的情感特征是“掌握学习”的内在因素。布卢姆认为，学生成功地学习一门学科与他的情感特征有较高的相关。那些具有较高学习动机、对学习有兴趣、能积极主动学习的

---

① 布卢姆. 教育评价［M］. 邱渊，等译. 上海：华东师范大学出版社，1987.

学生，会比那些没有兴趣、不愿学习的学生学得更快更好。教师在教学中能否充分注意并合理满足学生的情感需要，对学生的和谐发展具有非常重要的意义，教师应尽可能让每个学生都感受到高峰的学习体验，获得成功的快乐。由于一次又一次的成功，学习的愿望得到加强，成就感逐渐形成，学习的内驱力就会大大增强。

再次，“反馈—矫正”性系统是“掌握学习”的核心。布卢姆指出：“掌握学习策略的实质是群体教学并辅之以每个学生所需的频繁的反馈与个别的矫正性的帮助。”教学过程的每个步骤都必须通过评价来判断其有效性，并对教学过程中出现的问题进行反馈和调整，从而保证每一个学生都能得到他所需要的特殊帮助。

根据布卢姆“掌握学习”理论，基于长效热点思维的教学过程，有利于学生通过建立历史与现实的联系，经过“反馈—矫正”环节的反复，有利于学生加深对历史知识的理解，有利于对历史的深刻感知，从而有利于提高中学历史课堂的效率。

二、布鲁纳的建构主义理论

布鲁纳认为，教育的主要目的是为学生提供一个现实世界的模式，学生可以借此解决生活中的一切问题。这个模式涉及储存信息的内部系统，而信息是通过人与周围环境的相互作用获得的。学习任何一门学科时，总是由一系列的片断所组成，而每一个片断（或一个事件）总是涉及获得、转换和评价三个过程。布鲁纳由此认为，学生不是被动的接受者，而是积极的信息加工者。他强调知识结构的重要性以及学习是一个主动的过程。

布鲁纳在教学上提倡发现法，主张引导学生通过自己的主动发现来学习，要把学习知识的过程和探索知识的过程统一起来，使学生通过体验所学概念原理的形成过程来发展学生的归纳、推理等思维能力，掌握探究思维的方法。其基本程序为：识别概念—形成概念—验证概念—分析思维策略。

建构主义理论的内容很丰富，但其核心可以概括为：以学生为中心，强调学生对知识的主动探索、主动发现和对所学知识意义的主动建构（而不是像传统教学那样，只是把知识从教师头脑中传送到学生的笔记本上）。以学生为中心，强调的是“学”；以教师为中心，强调的是“教”。这正是两种教育思想、教学观念最根本的分歧点，由此而发展出两种对立的学习理论、教学理论和教学设计理论。由于建构主义所要求的学习环境得到了当代最新信息技术成果的强有力支持，这就使建构主义理论日益与广大教师的教学实践深入地结合起来，从而成为国内外学校深化教学改革的指导思想。

建构主义认为，知识不是通过教师传授得到，而是学习者在一定的情境即社会文化背景下，借助学习过程中其他人（包括教师和学习伙伴）的帮助，利用必要的学习资料，通过意义建构的方式获得。由于学习是在一定的情境即社会文化背景下，借助其他人的帮助，即通过人际间的协作活动而实现的意义建构过程，因此建构主义学习理论认为，“情境”“协作”“会话”和“意义建构”是学习环境中的四大要素或四大属性。学习的质量是学习者建构意义能力的函数，而不是学习者重现教师思维过程能力的函数。换句话说，获得知识的多少取决于学习者根据自身经验去建构有关知识的意义的能力，而非学习者记忆和背诵教师讲授内容的能力。

将长效热点研究与中学历史课堂教学结合起来，从学情出发，设计课堂，引导学生在一定的历史情境下，将过去和现在打通，逐渐深刻地去把握历史发展大势，理解真正影响历史发展的重大主题，由此生成具有历史使命感的家国情怀。这本身就是布鲁纳建构主义理论具体而生动的体现。

第二节　研究意义与研究方法

一、研究意义

长效热点是指近代以来长期受人重视的历史问题，比如政治现代化、经济现代化、文化现代化、城市化、土地制度变迁、国家统一、世界和平、经济全球化、区域经济集团化、文化交融等。这些问题，存在于过去、现在，也将延伸到未来，它们深刻地影响了中国和世界。

长效热点的内容与高中历史教学的内容有着很大的关联性。将丰富多彩的长效热点素材，与高中历史教学结合起来，将是非常有意义的。

经过五年的实践与研究，课题组对长效热点与高中历史教学的关系，有了一定的认识和思考。

首先，将长效热点融入高中历史教学，有利于落实立德树人的根本任务。

党的十九大报告提出："落实立德树人根本任务。"立德树人是长期的多方面的教育过程。高中阶段，既是学生成长的重要阶段，也是落实立德树人根本任务的重要阶段。将与国家发展、人类命运息息相关的长效热点素材融入高中历史教学中，能够帮助高中生更好地认识中国和世界，能够帮助其形成正确的世界观、人生观、价值观，能够促进其在德智体美劳等方面的发展，有助于其最终成为合格的社会主义建设者和接班人。

2020 年 1 月，教育部考试中心发布《中国高考评价体系》，其中指出高考必须坚持立德树人。高考作为连接基础教育和高等教育的关键环节，必须以习近平新时代中国特色社会主义思想为指导，全面贯彻党的教育方针和全国教育大会精神，强化理想信念、爱国主义情怀、品德修养、知识见识、奋斗精神、综合素质等方面的考查要求，引导学生培育和践行社会主义核心价值观，弘扬中华优秀传统文化、革命文化和社会主义先进文化，树立正确的历史观、民族观、国家观、文化观，切实增强中国特色社会主义道路自信、理论自信、制度自信、文化自信，从而全面彰显高考的育人功能（见图1-1）。①

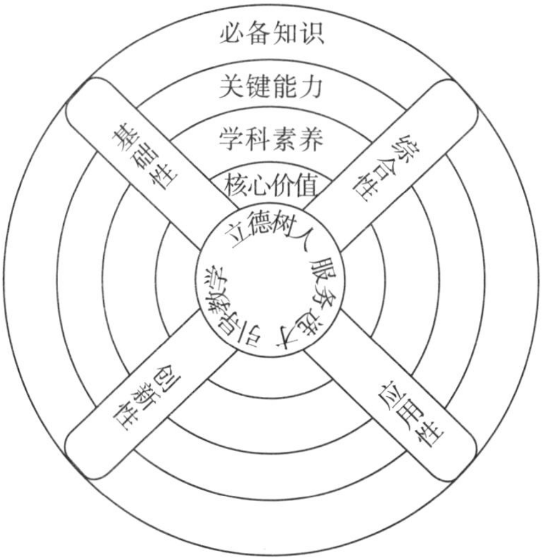

图1-1　中国高考评价体系

以2018年高考历史全国卷为例。这些试卷中很好地体现了“立德树人”的价值引领，具体见表1-1。

① 教育部考试中心. 中国高考评价体系［M］. 北京：人民教育出版社，2019：10.

表 1-1　2018 年高考命题核心价值立意题目（示例）统计表①

试卷类型	题号	考点	立意
全国卷Ⅰ	24	《墨子》科技	文化自信
全国卷Ⅰ	29	中共成立条件	道路自信、制度自信、理论自信
全国卷Ⅰ	33	共产主义者同盟	理论自信、道路自信、制度自信
全国卷Ⅰ	41	中国基层社会治理	制度自信、文化自信
全国卷Ⅱ	30	抗日根据地建设	领导、道路自信、理论自信、制度自信
全国卷Ⅱ	47	三娘子推动明、蒙和平	民族团结、国家统一

其次，将长效热点融入高中历史教学，有利于落实历史学科核心素养。

落实党的十九大报告提出的立德树人根本任务，具体到高中历史课堂上，就是落实高中历史学科核心素养。按照《普通高中历史课程标准（2017 年版）》，高中历史学科的五大核心素养是：唯物史观、时空观念、史料实证、历史解释、家国情怀。②

长效热点素材是优质的历史教学素材，对其进行符合历史教学要求的整合，变成课堂导入、选择题、材料题、视频、图表、漫画、话剧、问题设计与探究、结语等，无疑有助于提升学生的历史学科核心素养。

以近现代史为例。近现代的历史大事件往往会以周年纪念的

---

① 孙殿元. 由新高考评价体系看高三历史教学策略 [J]. 中学历史教学参考，2019 (21)：74-77.

② 中华人民共和国教育部. 普通高中历史课程标准（2017 年版）[M]. 北京：人民教育出版社，2018：4-5.

形式，重新受到世人的关注。比如2017年是香港回归20周年，2018年是改革开放40周年，2019年是五四运动爆发100周年、中华人民共和国成立70周年、澳门回归20周年。教师可以广泛搜集这些周年纪念活动的信息，积极引导学生探讨它们所涉及的历史大事件的重要意义。学生只有在特定的时空条件下，依据相关资料，运用唯物史观，客观地对事件进行分析，才有可能获得合理、准确的见解。这个探讨的过程，就是全面训练学生核心素养的过程。

总而言之，从培养和落实新课标的角度来看，长效热点思维与历史学科核心素养存在着较高的契合度。史料实证为长效热点思维提供了材料来源和认知依据，长效热点思维使史料实证更具有时代性；时空观念为长效热点思维提供了维度空间和演变脉络，长效热点思维使时空观念更具有超越性；唯物史观为长效热点思维提供了理论指导和规律指南，长效热点思维使唯物史观更具有厚重感；历史解释为长效热点思维提供了方向依托和能力水准，长效热点思维使历史解释更具有灵动性；家国情怀为长效热点思维提供了力量源泉和价值指向，长效热点思维使家国情怀更具有温情感。

最后，将长效热点融入高中历史教学，有利于增强学生的学习兴趣。

苏霍姆林斯基说："如果老师不想办法使学生产生情绪高昂的智力振奋的内心状态，就急于传授知识，那么这种知识只能使人产生冷漠的态度，而给不动感情的脑力劳动带来疲劳。"

对于高中生而言，高中历史教材的内容并不陌生，因为他们在初中已接触过类似的内容。要激发出高中生的学习历史的兴趣，无疑需要高中历史教师展示出更多的新材料和新情境。而长效热点素材的丰富性和新颖性，恰好能够满足高中历史教学的要求。将长效热点素材融入高中历史教学，还可以将课本上的过去和课本外的现在、未来串联起来。

如果历史教学的素材是常新的，而且学了历史还能很好地解释现在、未来，那么学生没有理由不爱历史。另一个事实也可以印证这一点：对热点感兴趣的学生，历史学业质量一般都不差。

二、研究方法

在近五年的实践与研究中，我们主要运用了文献研究法、行动研究法、问卷调查法、案例研究法、比较研究法等方法。

文献研究法主要指搜集、鉴别、整理文献，并通过对文献的研究形成对事实的科学认识的方法。我们所指的文献，是广义上的文献，包括文字、图片、音频、视频等素材。我们在挑选长效热点素材时，制定了这样的标准：真实、有效、有趣。在这三个标准中，真实是第一位的。缺乏真实性的素材，再如何有趣，如何能吸引学生的眼球，我们都是坚决予以摒弃的。面对长效热点素材时，我们首先会研究素材的出处是否可靠，内容是否属实。在素材被确认为真实无误后，我们才会依照有效、有趣的标准进行进一步的筛选。我们严格按照标准和步骤去挑选长效热点素材，由此得到了一批高质量的文献资料。

行动研究法是指有计划、有步骤地对教育实践中产生的问题，由教育实践工作者和专业研究者相结合，将问题发展成研究主题进行系统的研究，边研究边行动，以解决实际问题和提高认识为目的的一种科学研究方法。我们的研究团队，主要是在一线教学的老师。教学经验是丰富的，但在理论上，还有待进一步地提升我们深知理论指导的重要性。除了购买相关的教育学书籍进行补强之外，我们还邀请了大学教授和教育专家来指导的研究。事实证明是受益匪浅的。华南师范大学的黄牧航教授，为我们阐明了时政热点与时事热点的区别，帮助我们定准了课题的研究方向；华南师范大学的张向阳副教授，为我们课题的理论提升，做出了详细的指导；华南师范大学的王继平教授，为我们撰写课题研究论文，提供了宝贵的经验；历史正高级教师陈维坚老师为我们的调查问卷的设计，提供了具体而有效的建议。

案例研究法是指对典型个案进行深入研究的方法。在研究的初期，我们就重视对长效热点素材进行分类，并从各类中挑选出一些与教材密切相关的案例，进行较为深入的研究。我们课题组的一线教师，都将自己所负责的典型个案，运用到课堂的实际教学中，由此形成了一系列的教学课例。比如张欢老师的《社会主义政治建设的曲折发展》、郑汉杰老师的《平均地权》、杨小娟老师的《五四运动》、冯艳玲老师的《甲午中日战争》、缪海湄老师的《国运兴衰、系于教育》等（见图1－2）。这些课例，为我们的研究，提供了坚实的实践基础。

图1－2　课题组老师在执教“长效热点”教学研讨课（左上：张欢；左下：杨小娟；右上：郑汉杰；右中：缪海湄；右下：冯艳玲）

问卷调查法是调查者运用统一设计的问卷向被选取的调查对象了解情况或征询意见的调查方法。在上完一节精心准备的个案教学课之后，我们都会发放问卷给上课学生。问卷的内容涉及知识、能力、价值观等方面。通过问卷的回收与分析，我们便能从学生的视角，来审视这节课的优点与不足。而在后续的教学过程中，我们会尽量发挥已有的优点，减少存在的不足。经过这样一次次的查漏补缺，我们的课堂得到了进一步的优化。

比较研究法就是对物与物之间和人与人之间的相似性或相异程度的研究与判断的方法。具体到我们的课题，我们在运用比较研究法时，侧重于班级的比较。我们将学业水平接近或相同的班级分成两类，一类使用大量融入长效热点的导学案，另一类则使用普通的导学案。使用一段时间后，我们将两类班级进行对比，分析两类学生在学业成绩、情感认知方面的差异。我们在高一、高二和高三年级都做了这样的比较。

第二章

问卷调查及分析

第一节　问卷调查

一、调查目的

朱光潜先生在《克罗齐的历史学》一文中指出："没有一个过去史真正是历史，如果它不引起现实的思索，打动现实的兴趣，和现实的心灵生活打成一片，过去史在我的现时思想活动中便不能复苏，不能具有它的历史性。所以一切历史都必是现时史。"这一观点对高中历史教学无疑具有重要的启迪意义。关注和引入长效热点，激活历史，用长效热点将"过去史"和"现时史"打成一片，串联起来，引发学生思维的跃动，让历史教学变得生动活泼起来。了解学情，使学习真正发生，促进学生的成长，是课题研究和教学研究的依归。为此，基于长效热点与高中历史教学有效性之间的关系，我们设计了专项调查问卷，主要包括实施长效热点教学前后两次的相关调研。

第一，通过对实施长效热点教学前的问卷调查，了解学生对高中历史教学中长效热点的关注程度、方式和原因等。长效热点内容很多，比如政治民主类，涉及人权、国家主权等；经济发展类，如改革开放、体制变革等；社会热点类，如公平正义、战争与和平、疾疫与社会保障等；还有军事、娱乐等，近几年全国卷频繁出现长效热点类题目。我们希望通过这份调查问卷，掌握学生对长效热点教学思路的初步看法，并引起学生对高中历史教学中长效热点的关注，更好地为开展相关研究搜集最直接和最新鲜的学情信息。主要涉及问卷1～6题。

第二，通过对实施长效热点教学后的问卷调查，了解学生对引入长效热点的具体感受、诉求和建议。长效热点以什么样的形式融入课堂比较容易让学生接受？长效热点引入课堂对学习历史的思维有哪些帮助？了解学生的想法和诉求后，我们才能更好地将长效热点融入高中历史课堂教学中，从而使历史课堂变得更加生动和高效。主要涉及问卷7～10题。

二、调查问卷设计

“长效热点与高中历史课堂”调查问卷

亲爱的同学：

你好！为适应高考改革的需要，我们探索研究通过建立长效热点与课堂教学的关联，引入长效热点素材，创设教学新情景，让历史学科教学更加贴近社会生活和时代脉搏，增强课堂的趣味性，培养学生的历史学科核心素养，提高教育教学质量。为充分了解学生在历史学习中，对长效热点的关注情况，特制定此问卷，希望得到你的支持和帮助。

本调查只作为研究使用，无须署名，请同学们如实回答。谢谢合作！为便于调查，对“长效热点”概念略作解读：主要是指100多年来对国家命运和社会发展具有重大意义或造成重大困扰的问题，主要包括主权独立、思想解放、对内改革、对外开放、经济现代化以及与之密切相关的人口、教育、资源、战争、疾疫等。

1. 你对长效热点的关注程度

A. 密切关注　　　　B. 比较多

C. 一般　　　　　　D. 几乎不关注

2. 你利用什么平台关注长效热点（不定项选择）

A. 手机

B. 网络媒体

C. 报纸电视

D. 学校组织观看《新闻周刊》或教师上课讲解

3. 你关注长效热点的原因是

A. 受周围人群影响（如父母、同学）

B. 热点对提升成绩有帮助

C. 单纯的喜欢，可以开阔眼界，提升自身素质

D. 学校要求

4. 历史教师在课堂上引入长效热点吗

A. 经常　　B. 偶尔　　C. 从不

5. 你最关注下列哪类长效热点

A. 政治民主类（如人权、国家主权、人类命运等）

B. 思想解放类（如近现代向西方学习的各阶层等）

C. 经济发展类（如改革开放、体制变革、农村发展等）

D. 社会热点类（如公平与公正、战争与和平、疾疫与社会保障等社会问题的热点）

E. 军事、娱乐、体育等

6. 你希望在什么课堂引入长效热点

A. 新授课，提高学习历史的兴趣，课堂生动有趣

B. 复习课，帮助理清历史重要线索

C. 都希望引入，都很有帮助

7. 你希望教师以什么样的方式将长效热点引入课堂中

A. 视频　　　　　　　　B. 图片

C. 文字材料呈现　　　　D. 教师讲述

8. 如果教师课堂上引入长效热点，你希望

A. 看看标题即可

B. 大致了解热点的时间、人物、地点

C. 希望教师能将热点素材与历史知识讲透彻，最好能开专题讲座

9. 你认为历史课堂引入长效热点对提高课堂效率有帮助吗

A. 非常有帮助，更容易理解历史知识，课堂气氛好

B. 帮助一般，影响不大

C. 没什么帮助，浪费时间

10. 你对将长效热点引入历史课堂有什么建议？

____

____

第二节　问卷调查分析

一、调查对象整体情况

为了增加调查的真实可信度，在顺德某高中三个年级各抽取一个班级进行调查，所抽取的班级文化成绩为中等层次。调查前强调不能交头接耳，尽量客观反映真实情况。

本研究共发放调查问卷164份，回收有效问卷157份。其中高一年级调查人数62人，有效卷59份；高二年级调查人数52人，有效卷49份；高三年级调查人数50人，有效卷49份。

二、调查统计与分析

1. 你对长效热点的关注程度

A. 密切关注　　　　B. 比较多

C. 一般　　　　D. 几乎不关注

年级	A	B	C	D
高一	8%	54%	37%	
高二	8%	55%	37%	
高三	6%	55%	35%	4%

从调查数据中可以看出，三个年级超过一半的同学选“比较多”，选择“几乎不关注”的几乎为零，可见高中生对热点的关注度是比较高的，这对我们历史课堂引入长效热点是非常有利的。

但同时看到，高三年级的关注度不高，甚至有4%的学生几乎不关注。这可能与高三学业较为繁忙，无暇关注长效热点有关。在高考改革的背景下，高三学生更应该密切关注长效热点，以更好地适应当下的命题方向和要求。由此可见，加强长效热点与高三复习备考的融合的必要性。

2. 你利用什么平台关注长效热点（不定项选择）

A. 手机

B. 网络媒体

C. 报纸电视

D. 学校组织观看《新闻周刊》或教师上课讲解

年级	A	B	C	D
高一	92%	86%	46%	97%
高二	92%	59%	49%	96%
高三	81%	54%	69%	96%

本调查项为不定项选择，从数据看，学生获取热点素材的主要方式为手机和学校组织观看，这也可以看出手机作为传播资讯的主要工具的作用越来越重要，但也带来一个管理的隐患，很多学校都禁止携带手机入校，或者入校后交给班主任管理，这样，“学校组织观看《新闻周刊》或教师上课讲解”就成为获取热点素材的主要手段。据我们了解，很多学校也能迎合课改需要，固定时间给学生播放类似于《新闻周刊》这样的节目，为教学创造开放的环境，学生通过《新闻周刊》等可以获取更多的热点信息。而数据也透露出高三学生玩手机的时间相对较少，应该是和高三学习比较紧张有关。当然，传统的电脑、报纸、电视也还是学生获取热点素材的重要方式，只是相对于手机要相对薄弱一些。

3．你关注长效热点的原因是

A．受周围人群影响（如父母、同学）

B．热点对提升成绩有帮助

C．单纯的喜欢，可以开阔眼界，提升自身素质

D．学校要求

年级	A	B	C	D
高一	17%	12%	69%	2%
高二	14%	18%	55%	8%
高三	12%	22%	63%	2%

从调查数据看，选择 C 的同学超过半数，认为关注热点是单纯的喜欢，可以开阔眼界，提升自身素质，这是一个非常好的现象，说明同学们关注热点还是比较理性的，很少认为与环境或者现实的成绩相关，这也充分体现了教学环境越来越民主，彰显学生主导课堂的民主时代到来，学生在学习过程中更多是为了自己学习。

4．历史教师在课堂上引入长效热点吗

A．经常　　　B．偶尔　　　C．从不

年级	A	B	C
高一	37%	61%	
高二	47%	51%	2%
高三	10%	65%	24%

从数据不难看出，该校高一和高二历史教师重视热点引入课堂，这可能与学校教师的素质相关。但从数据中也看出高三的重视程度低于高一、高二，甚至有24%的同学认为从不，认为经常讲的只有10%。高三课堂较少引入长效热点的原因，可能是教师考虑到高三学习时间宝贵，担心引入长效热点会一定程度上影响复习备考。其实，我们课题组成员认为，高三引入长效热点更能帮助学生理清历史主干线索，课堂气氛更加活跃，能更加有效提升学生成绩。

5. 你最关注下列哪类长效热点

A. 政治民主类（如人权、国家主权、人类命运等）

B. 思想解放类（如近现代向西方学习的各阶层等）

C. 经济发展类（如改革开放、体制变革、农村发展等）

D. 社会热点类（如公平与公正、战争与和平、疾疫与社会保障等社会问题的热点）

E. 军事、娱乐、体育等

年级	A	B	C	D	E
高一	14%	3%	12%	39%	32%
高二	8%	2%	8%	39%	35%
高三	16%	2%	8%	29%	43%

从统计的结果看，学生最感兴趣的是社会热点和军事、娱乐、体育等，对政治民主、思想解放和经济发展不太关注，最受冷落的是思想解放类。但前三项也恰好是近几年高考热门的方向，加

上娱乐新闻质量良莠不齐，这些年负面影响比较大的娱乐新闻比比皆是，这就要求教师在日常教学中对学生加以引导，引导学生关注与课本相关的热点素材，养成了解国家大事、提升家国情怀的好习惯。

6. 你希望在什么课堂引入长效热点

A. 新授课，提高学习历史的兴趣，课堂生动有趣

B. 复习课，帮助理清历史重要线索

C. 都希望引入，都很有帮助

年级	A	B	C
高一	15%	2%	80%
高二	20%		76%
高三	12%	12%	71%

注：三个年级都有 1 ~ 3 位同学误选了不存在的 D 项。

从统计数据看，三个年级有超过 70% 以上的学生认为无论是新授课还是复习课，引入热点素材都能更有利于完成教学任务，这是非常喜人的现象，有利于我们教师大胆地开展课改工作。这充分说明课改以后学生综合能力的提高，眼界更加开阔，大部分学生都认可课堂引入长效热点。教师在教学实践过程中，无论是新授课还是复习课，可大胆引入长效热点，以不断激发课堂动力。

7. 你希望教师以什么样的方式将长效热点引入课堂中

A. 视频　　　　B. 图片

C. 文字材料　　D. 教师讲述

年级	A	B	C	D
高一	90%	3%		7%
高二	78%	2%	2%	14%
高三	80%	6%	6%	8%

调查数据表明，绝大多数的同学喜欢课堂上以视频的方式引入热点。课题组经过分析认为可能有下列原因影响：视频能更加直观真实地还原历史的场景；视频更加通俗易懂；视频更容易让人放松。但是视频引入也会带来一些问题，比如花的时间比较多，剪接视频也比较耗费精力。但是，高考命题目前还没有以视频的方式出现的试题，所以教师要引导学生更多关注与长效热点有关的文字材料和图片材料，视频可作为激活课堂教学的辅助手段适当引入。

8. 如果教师课堂上引入长效热点，你希望

A. 看看标题即可

B. 大致了解热点的时间、人物、地点

C. 希望教师能将热点素材与历史知识讲透彻，最好能开专题讲座

年级	A	B	C
高一	2%	54%	42%
高二		41%	55%
高三		63%	33%

注：三个年级都有 1 ~3 位同学误选了不存在的 D 项。

结合第 10 题开放性调查数据分析不难看出，在新课程改革和高考改革下，学生对于长效热点引入课堂还是比较理性的，多数要求引入与课堂内容相关的热点，并且不要过多影响课堂时间，一般认为 3 分钟左右的视频是最合适的方式。也有不少学生希望教师对引入的热点素材要讲透，最好能开专题讲座，尤其是高二学生，估计与选科稳定后要求开阔自己的眼界、提高自身素养有关。高三学生时间比较紧迫，对于长效热点的引入，多数要求只要大致了解就可以了，但是如果停留在大致了解阶段，往往不能很好地将热点与历史知识结合起来。近年来，与长效热点相关的

高考题不断增加，这与新课标强调历史学科的运用性、强调历史学科核心素养等有关。我们认为，高三历史教学不应该减少，反而应该增加与长效热点相关的导学案和课件。在高三历史主题教学中引入长效热点，不但可以激活学生思维，还可以有效地提升学生对社会的关注，培养家国情怀。

9. 你认为历史课堂引入长效热点对提高课堂效率有帮助吗

A. 非常有帮助，更容易理解历史知识，课堂气氛好

B. 帮助一般，影响不大

C. 没什么帮助，浪费时间

年级	A	B	C
高一	93%	5%	2%
高二	96%	4%	
高三	90%	10%	

统计结果很明显，绝大多数学生都认为在历史课堂中引入长效热点对提高课堂效率很有帮助，认为热点更容易帮助学生理解历史知识，让课堂气氛更好。但其中有2%的高一学生认为引入长效热点浪费时间，有10%的高三学生认为帮助一般，影响不大。这可能与教师在课堂教学中引入长效热点不够典型，或者过于泛滥有关。如何引入长效热点素材，精编出高质量的导学案？这成为我们日后研究的一个重要内容。结合第6、7、10题，我们认为学生还是非常热切希望教师能更多地引入长效热点，普遍认为引入长效热点能加深对知识点的理解，提高学生学习的兴趣，开阔眼界，提高素养。

10. 你对将长效热点引入历史课堂有什么建议？

本题为开放性问卷，调查对象中的93%的同学都认真写了自己的建议，课题组成员对建议分类概括如下：一是希望引入的长效热点能与课堂历史知识密切关联，但不宜过度展开讲解，避免

浪费时间；二是希望多引入视频类的热点素材，加深对知识点的理解，提高学生学习的兴趣；三是希望引入与其他学科关联的热点素材，开阔眼界，提高素养；四是部分同学希望教师在引入热点的时候与学生互动，活跃课堂气氛，不要教师一讲到底。

另外，高二、高三年级部分同学希望多讲一些与高考考点密切相关的热点，如补充美国、英国政体在现实中运用的例子，还有一战、二战中的史实，以及重大长效热点的背景知识，等等。

总的来说，本调查结果可以从三个方面进行归纳：

（1）关于学生对长效热点的态度，调查结果表明，多数高中生对在课堂上引入长效热点持积极态度，认为长效热点的引入能有效提高学习质量，希望教师无论是新授课还是复习课都能更多地关注这一点。

（2）关于长效热点的内容，调查结果反映了学生更欢迎采用视频类的呈现方式，学生关注的焦点更多的是娱乐、体育、军事等。对此，后期我们要在长效热点与课堂模式的有效关联、长效热点在高考备考主题复习中的运用等方面寻找对策，要不断拓宽学生对长效热点的关注面。

（3）关于学生对于长效热点的诉求和建议上，大部分学生的建议和诉求都是科学合理的。比如希望无论是新授课还是复习课都积极引入长效热点。当然学生也希望教师精选素材，提高引入长效热点的效率。也有同学认为引入长效热点，要避免“满堂灌”现象，要多设计互动环节。而高三学生希望在复习中加强长效热点的主题研究，以不断加深对基础知识的理解。

针对以上调查分析结果，我们将在第三章“案例应用与分析”和第四章“命题应用与分析”中探讨具体的课堂教学和高考备考方案。

第三章

案例应用与分析

第一节 课堂教学应用与分析

兴趣是学习的老师，学习历史从培养兴趣开始。如果我们仅仅是挖掘教材，只重视历史知识间的线索与联系，照本宣科，课堂气氛会很沉闷。而长效热点与生活实际密切相关，有着浓郁的时代气息，普遍受到人们的关注。高中生好奇心强，他们热衷于了解国内国际的时事，更理性地去看待现实当中的问题，辩证全面地思考未来的发展趋势。所以，在这种背景下进行历史教学，教师必须适当补充生活中的热点素材，将这些素材引入到历史的课堂教学中。教师要善于引导学生联系生活展开思考，借助现实的镜子来反思历史。

一、长效热点在导入中的运用

有效的导入，能够快速地吸引学生的注意力，让学生全身心地参与到课堂，在互动中，让学生之间进行交流和碰撞，进而随着课堂的推动，引导学生不断思考、升华认知，提高课堂的有效性。

在历史教学过程中，导入的方式有很多：复习导入法、故事导入法、视频导入法、演讲导入法、热点导入法等。长效热点本身就同历史教学密切联系，在讲授课时，如果我们善于抓住长效热点素材，容易调动学生的学习兴趣，把学生和遥远的历史场面、事件拉近距离。在历史教学中，不仅要让学生把握历史知识，更多的是承担起学生核心素养的培养。学生核心素养其中有一项就是公民的责任担当意识和能力的培养。因此，在历史课上，长效热点导入是培养学生责任担当意识的有效方法之一。教师要善于用长效热点进行导入，增强学生积极参与的情感品性，提升学生的责任担当能力。① 如在讲述《中国古代政治制度的成熟》这一课时，结合党的十八大以来，从制定“八项规定”，到修订《中国共产党巡视工作条例》；从修订出台《中国共产党廉洁自律准则》《中国共产党纪律处分条例》，到审议通过《关于新形势下党内政治生活的若干准则》《中国共产党党内监督条例》，近四年的时间里，中国不断建章立制、立规明矩、固本培元，让反腐从治标转向治本，步步走向深入。2016 年 12 月，中国监察体制改革从北京市、山西省和浙江省开始试点。这都是当代中国政治制度不断走向发展完善的最新成果。引导学生回过头看我们历史上政治制度的建设，非常有意义。联系古今，关注现实，可以迅速吸引学生的注意力。又如《辛亥革命》一课，讲述习近平总书记把“中国梦”定义为“实现中华民族伟大复兴，就是中华民族近代以来最伟大梦想”，具体表现是国家富强、民族振兴、人民幸福。这一奋斗目标实际上是老一辈革命家的政治理想在新时代的延续和创新。孙中山就曾提出了那个时代民族富强的中国梦，可谓是“中国梦”的肇始。孙中山拨动了“中国梦”的琴弦，推翻清朝

---

① 阮美芳. 提升课堂导入艺术　培养学生核心素养［J］. 中学课程资源，2019（5）：40－41.

统治，建立中华民国，颁布《临时约法》，为追求民主法治贡献毕生精力。重温孙中山激扬的爱国情怀，深刻理解中国梦的内涵。让学生感悟先贤们的峥嵘岁月，同时也感悟新时代中国梦，作为青年学子应该有何担当和作为。

二、长效热点在课堂教学的运用

陶行知先生说："小孩子最好的先生，不是我，也不是你，是小孩队伍里最进步的小孩。"用长效热点设置问题，形成"认知冲突"，使处于"问题情境"中的学生有强烈的求知欲望，他们可以发表自己的见解，展开讨论。这样课堂不仅生动有趣、气氛活跃，丰富了学生的知识，也能让学生自主地建构知识、发展智慧与能力、启动辩证思维。如《北美大陆上的新体制》一课，学生对于1787年宪法原则的理解较为困难。于是在学习这一内容的时候，我们联系美国现任总统特朗普以及国会的一些新闻，尽可能通过问题设计引导学生理解，在关注长效热点中传递知识。设计了"追问宪法、感受魅力"为专题的探究案。

（1）美国总统特朗普2017年6月1日在白宫正式宣布美国将退出《巴黎协定》。就像奥巴马在特朗普的决定后指出的那样，"美国的各州、城市和企业将加大努力"应对气候变化。……他们不欢迎特朗普总统的举动，他们将接受、尊重和恪守对《巴黎协定》所定目标的承诺。根据以上材料并结合所学，说明联邦政府与州政府之间的关系。

（2）为了方便业务往来，美国总统、国会和最高法院建立了业务交流群。美国总统特朗普提名戈萨奇为最高法院大法官，就这一方案，朋友圈展开了讨论——总统@国会：我看戈萨奇当法官不错，你看行不行？国会：准了。从这段对话可知，在美国要当选为最高法院的法官需要具备哪些条件？

（3）据路透社报道，美国国会参议院于2017年9月18日表决通过《2018 财年国防授权法案》，法案提出将美国新一财年的国防预算定为 7 000 亿美元。设问：该法案可能面临哪几种命运？

通过由现实追溯历史，激发学生学习的内在动力，认识现实与历史的联系。上课时采用情境创设、学生抢答、总结提升等方式，相互交流学习成果。在交流过程中，学生不能解决的疑难问题，教师不是立即挺身而出表明自己的观点，而是及时组织学生以小组为单位进行合作交流，让学生在同伴互助或质疑中点燃历史思维的火花，完成知识的生成和意义的有效建构。在整个讨论的过程中，教师只是起到启发和引导的作用，把主动权交到学生的手中。学生既学到了系统的历史知识，又开阔了历史视野。更重要的是，在这个学习过程中学生的潜能和聪明才智，得到了前所未有的锻炼和提高。生生互动、相互启发，互相分享“劳动成果”，展示者和倾听者都能在思维的碰撞中体验到学习带来的快乐。

三、长效热点在总结升华中的运用

《普通高中历史课程标准（实验）》在课程性质中明确规定：“普通高中历史课程，是用历史唯物主义观点阐释人类历史发展进程和规律，进一步培养和提高学生的历史意识、文化素质和人文素养，促进学生全面发展的一门基础课程。”学习和探究历史应具有价值关怀，要充满人文情怀并关注现实问题，以国家强盛、民族自强和人类社会的进步为使命。课堂中可以引入鲜活的生活素材和热点素材，让学生亲临其境去感受、拓展思维空间。如在讲述战后国际格局演变的复习课，让学生理解国家利益是国际关系的决定性因素。在课后以“一带一路”作为主题设计了思考题：已经有 100 多个国家和国际组织积极响应支持，40 多个国家和国际组织同中国签署合作协议，“一带一路”的“朋友圈”越来越大。为加强交流，中国决定召集大家来北京聚一聚，也就是举办

“一带一路”国际合作高峰论坛。在这些朋友圈对话中，有四个国家的态度值得我们思考。第一，中国为什么要举办“一带一路”国际合作高峰论坛？第二，俄罗斯为什么高调参与？第三，美国为什么从抵制到观望，最后才决定出席“一带一路”高峰论坛？第四，印度为什么一直是拒绝的？通过让不同的小组来搜集相应国家的资料，进行角色扮演，最后由四个国家的代表发言、总结。让学生在讨论分析的过程中认识到国家利益是主权国家对外活动的出发点和落脚点。俄罗斯的高调参与、美国的观望到参与以及印度的拒绝也都是因为本国的国家利益。所以说，国家利益是国际关系的决定性因素。其中，共同利益是合作的基础，利益的对立是引起国家间冲突的根源。当然，国家之间除了有合作和冲突之外还有竞争，这就是国际关系的基本形式。进而让学生关心祖国在国际社会的地位和命运，增强民族自信心；关注国际社会的发展，树立做负责任大国公民的心态；热爱和平，树立维护本国利益与维护世界各国人民共同利益相统一的理念，培养世界眼光。又如2017年1月，教育部将“八年抗战”改为“十四年抗战”，在讲述“抗日战争”时，我们搜集了近几年日本政府严重歪曲历史的教科书和日本前首相小泉纯一郎宣布要参拜靖国神社的热点素材，设计问题：“为何中国乃至世界人民对这两件事情如此之愤恨？结合史实说明为何教育部要将‘八年抗战’改为‘十四年抗战’？作为青年学生，我们应该怎么做?”教室里是群情激愤，我们“趁热打铁”，把学生的这种爱国主义热情转换成实际行动，学生从自身、社会、国家个个层面分析他们有点稚嫩和激情的建议和想法。

第二节 复习备考应用与分析

适时运用长效热点，可以提高高三备考的课堂教学效率。历史知识由于年代久远，脱离社会现实和学生生活，以学生已有的社会经验难以准确理解。在历史教学评价过程中，加强历史知识与长效热点联系，有助于培养学生分析、解决问题的能力，使学生更好地把握高考的方向。从近些年高考命题来看，也体现了历史与长效热点问题相结合的导向作用。尤其是和谐社会思想、科学技术进步与社会发展、人类政治文明的进步、国际关系与大国崛起等热点问题越来越成为高考命题者的“香饽饽”。

例如，2016 年全国Ⅰ卷文综第 41 题：

材料 人民订立契约建立国家，他们是国家的主人，人民主权不可转让，也不可代表，议员不能是人民的代表，只能充当人民的“办事员”。英国人“只有在选举国会议员的期间，才是自由的；议员一旦选出之后，他们就是奴隶，他们就等于零了”。人民主权不可分割，否则主权者将被“弄成是一个支离破碎拼凑起来的怪物”。

——据卢梭《社会契约论》

结合材料与所学世界史的相关知识，围绕“制度构想与实践”自行拟定一个具体的论题，并就所拟论题进行简要阐述（要求：明确写出所拟论题，阐述须有史实依据）。

本题考查近代民主，与社会主义核心价值观及政治体制改革的方向紧密相连。学生如果在日常学习和生活中关注国家时政动态，了解国际政治理论，明确民主法治与自由平等的价值所在，答题自然得心应手，且能从理论高度审清题意，理性思考。高考文科综合测试题的时代感强，我们必须以开阔的视野、敏锐的视角、多角度的观察，全方位的思考，才能对长效热点问题做出综合分析，才能在知识重组上取得突破性进展。

【案例 1】2020·**广东高三月考**

材料　伍连德（1879—1960）祖籍广东，出生于马来西亚，著名公共卫生学家，我国检疫、防疫事业的先驱。1911 年 1 月，伍连德在哈尔滨建立了第一个鼠疫研究所，并出任所长。他深入疫区调查研究，追索流行经路，并采取了加强铁路检疫、控制交通、隔离疫区、火化鼠疫患者尸体、建立医院收容病人等多种防治措施，不久便控制了疫情。4 月，在奉天（今沈阳）召开的万国鼠疫研究会议上，伍连德当选为主席，向来自日本、英国、美国、俄国、德国、法国、意大利、荷兰、奥地利、墨西哥和中国 11 个国家的医学专家系统介绍了中国这次防治鼠疫的经验。1918 年，伍连德担任北京中央医院第一任院长。1926 年，伍连德创建哈尔滨医学专门学校，担任第一任校长。1937 年，伍连德出任中华医学会公共卫生学会首届会长。

中国海港检疫始于 1873 年，但半个世纪里海港检疫权与海关主权一并控制在帝国主义者手中，由外籍医生担任检疫医官，为外国人服务。辛亥革命后，伍连德多次呼吁“自己办检疫”，向有关当局提出收回检疫主权、统一全国检疫事宜的主张。1930 年，上海成立了全国海港检疫管理处，伍连德任管理处监督，接管了外国控制的海港检疫机构，为中国卫生事业开拓了新境界。1959 年，伍连德在《鼠疫斗士》自传序言中写道：“我曾将大半生奉献给古老的中国，从清朝末年到民国建立，直到国民党统治崩溃，往事在我脑海里记忆犹新。新中国政府的成立，使这个伟大的国家永远幸福繁荣……”1960 年 1 月 21 日，伍连德在马来西亚的槟榔屿逝世，享年 82 岁。

——选编自管成学、赵骥民《鼠疫斗士：伍连德的故事》等

（1）根据材料，指出我国公共卫生学家伍连德的主要贡献。

（2）根据材料并结合所学知识，简析伍连德倡导的收回海港

检疫权的背景和意义。

本题考查的是疫情、疾病与公共卫生方面的内容。疫情和疾病的流行不仅带来人口死亡、社会混乱，而且对政治、经济的发展带来消极影响。但是客观上会促进公共卫生、医疗水平的提高等。2020 年的新型冠状病毒，让全世界再次关注公共卫生的建设和社会治理。而公共卫生和社会治理一直是历史高考的焦点之一，在复习备考的过程中，我们给学生梳理历史上相关疫病和公共卫生，包括社会治理方面的内容，不仅能够让学生了解时政动态，而且也和文综高考时代感强的特点切合，提高备考的有效性。

【案例 2】2017 · 江苏联盟大联考高三 2 月联考

英国“公投脱欧”已成定论。欧盟路在何方，世界各国都在关注。阅读下列材料：

材料一　谋求欧洲统一有相当远的历史渊源。然而在千余年的发展中，欧洲的政治家和统治者们虽不惜使用最强大的武力，却都失败了。经过两次世界大战的剧烈厮杀后，昔日称雄于世界的欧洲列强均已降为二等国、三等国，它们面对的是一个虚弱不堪、支离破碎的欧洲。在东方，来自苏联和东欧盟国的威胁日益严重；在西方，来自美国的经济渗透和政治控制不断加强。欧洲政治家们清醒地认识到，如此下去，欧洲将不再是欧洲人的欧洲。

——《世界史》

材料二　1961 年、1967 年英国两次提出申请加入欧洲煤钢共同体遭法国否决。最终于 1973 年，英国正式加入欧共体。2011 年英国议会下院投票否决公投决定是否退出欧盟的动议。2016 年英国经过全民公投，成为第一个退出欧盟的国家。英国首相特雷莎 · 梅回到白金汉宫之后向其内阁解释了英国脱欧的原委，并称本次脱欧是一个彻底的英国行为。

——《英国与欧洲》

请回答：

（1）据材料一及所学知识回答，20 世纪 50 年代推动欧洲一体化的原因有哪些？

（2）有学者认为：在债务危机面前，欧盟各国将基于本国利益提出各项应对措施，烦冗的决策程序、必要的讨价还价将带来巨大的决策成本，且无法在最短的时间内达成有效的应对措施。据材料二及所学知识，以“英国脱欧的利与弊”为主题进行多角度论述。（要求：观点正确；史论结合；逻辑严密；表述通畅；280 字左右）

本题考查英国脱欧与“反全球化”浪潮。学生应在平时的学习、生活中多关注世界时事变化，了解经济全球化、欧洲一体化的发展历程，明确经济全球化发展过程的曲折。让学生理解经济全球化创造了巨大的财富，但是现在的全球治理体系和国际金融体系，利益在不同国家的分配是失衡的。由于各国政治体制的差异，全球化红利在国内的分配也是失衡的。随着经济全球化的深化，全球化红利出现衰减，问题显现，反经济全球化浪潮就出现。再结合长效热点的变化，对于经济全球化就有了更深刻的认识，答题自然会得心应手。

又如高三复习讲民生专题。搜集近年来关于民生问题的长效热点，展示相关图片，集中展示民生问题的重大事件，尤其是贫富差距问题、仇富现象、农民工的欠薪等问题，设计了“古今中外说民生”的小专题，从中国古代的民本到古雅典的民主，从近代民主政体的民主概念到中国现代关注民生问题重大对策，设计以下合作探究题：

（1）中国古代的民本思想和古雅典的民主各有什么特点？

（2）与古雅典的民主概念相比，近代的民主有何突破？

（3）为何生产力发展了，但民生问题依然这么突出？

（4）古今中外为何都热衷于解决民生问题？

（5）请你为政府献策，当今社会应当如何解决民生问题？

学生各抒己见，集思广益。一节课下来，思维横贯古今中外，从学习历史知识转到了思考现实，学生的思维能力得到进一步的提高。文科综合的命题设计理念：以问题为中心，以人类所面临和关心的重大的社会问题为素材，目的就是要实现对考生情感、态度价值观的引导与考查。历史学科亦是如此，引导学生关注当今人类生存和发展进程中的重大问题，关注社会发展和我国国情，从而引导学生关注生活、关注时代、关心社会，培养学生健全的思维品质。所以历史学科考查不回避现实中的热点和焦点问题。我们在复习备考中，适时引入长效热点，有助于提高备考的效率。

第三节　案例研究的意义

我国国内教育界开始重视案例研究是从 20 世纪末开始的。伴随着新课程改革和素质教育的深入发展，专家学者和普通教师迫切需要对各类教育现象和课改思路进行深入研究。正如社会现象具有不可复制性，不同的课改思路下的教学案例也是不能复制的。这就给依托案例研究，深化教育教学科研提供了重要契机。

一般来说，通过案例来推动课题研究，可以克服传统的纯理论研究模式，使得相关研究更具有可行性。课题研究与案例研究是天然的相辅相成关系，课题开展过程中的案例不仅代表了教育教学中发生的关键教学事件，而且还能传递相关理念和理论知识。

用案例推动教研的发展过程，用教研提升案例的理论层次。那么，对教学案例的研究既可以为现有教育教学理论提供反馈信息，也可以启迪同行们在已有案例的基础上发现新思路、新见解，生长出新的研究点，进而开展新的课题研究。

一、有利于完善对长效热点概念的认知

历史是过去的事情，如果只是单纯的死记硬背，学生很快便会遗忘。要了解和认识历史，“需了解、感受、体会历史的真实情况和当时人们所面临的实际情况，进而才能去理解历史和解释历史。”① 不能只是空洞的说教，而应适当运用长效热点思维，拓宽学生视野，激发学生的兴趣，活跃课堂气氛。同时，运用长效热点思维开展教学，也有利于培养学生发现问题、解决问题的能力，从而提高课堂效率，完成教学目标。在梳理和总结课题案例的过程中，既增强了我们运用长效热点思维的信心，也丰富了对“长效热点”概念的认知。这主要体现在“长效热点”的丰富内容和多种分类，我们在原概念的基础上增加了“战争”“疾疫”“社会保障”等。

二、有利于落实学科核心素养的培养

党的十八大对教育提出明确的目标——立德树人。立什么德？树什么人？这是历史教育工作者必须回答的首要问题。长效热点的分类和内容在很大程度上体现了国家意志，也往往与当下的社会热点重叠。近年来，高中学生越来越关注此类热点，如：经济全球化、社会福利制度、贸易自由化、生态环境、民族交融、社会诚信、公平公正等。案例研究表明，基于长效热点思维的高中历史教学有利于通过以上热点的切入和结合，深化对历史学科核心素养的把握，有利于更生动、更贴切地落实对学生学科核心素养的培养任务。比如，课堂案例中的家国情怀就包含了人民幸福、国家富强、人类社会共同进步三层人文追求。

---

① 中华人民共和国教育部．普通高中历史课程标准（2017 年版）［M］．北京：人民教育出版社，2018：5.

三、有利于课题研究的深化和示范引领

马克斯·范梅南说过，教学就是“即席创作”。“教学是一个不确定的动态过程，需要教师在复杂的过程中通过自身不断地体验、反思和创造，进行与情境适配的即席创作，这需要大量实践性知识的支持。”①。面对不确定的、复杂多变的教学环境，案例教学展示和研究有利于课题研究的深化，也有利于在一定范围起到示范引领作用。比如，案例教学的展示能够为入职前后的青年教师提供一个较好的操作样板，对能力的培养和提高起到重要的引领作用。同时，对案例的研究还有利于提高历史教师举一反三的本领，及时发现、分析自己与他人教学中存在的问题，从而推动基于长效热点思维的高中历史教学的理论深化和教研成果的推广。

综上，基于长效热点思维的高中历史教学在近五年的探索过程中，形成了一系列的案例，我们对这些典型案例的梳理和研究，对课题研究的深化和成果的推广具有重要意义，同时对理论的深化提出了新的要求。这在一定程度上也体现了案例研究在应用于教育研究时的价值取向和适用条件。

---

① 胡小勇. 案例研究的理论与实例［M］. 南京：南京师范大学出版社，2008：15.

第四章

命题应用与分析

“一切历史都是当代史”，克罗齐这个著名的论断直到今天仍经常被人引用。近年来高考历史试题鲜明特点之一就是以当今社会的重大现实问题为切入点，显性或隐性介入社会现实问题，将历史与现实联系起来。所以，基于长效热点视域，根据考点和命题立意，从传统文化与文化自信、主权意识与“中国梦”、中外交流与“一带一路”、经济全球化与区域化、经济体制创新与调整、人口迁移与城市发展、公民意识与反腐倡廉等方面对近五年全国卷试题进行分析。这对进一步探索高中历史复习备考的策略和方法，无疑会起到一定的借鉴和启发作用。

第一节　命题研究与应用

一、传统文化与文化自信

“文化兴则国兴，文化强则国强”。中国共产党十七届六中全会通过的《中共中央关于深化文化体制改革、推动社会主义文化大发展大繁荣若干重大问题的决定》提出，文化是民族的血脉，是人民的精神家园，在我国 5 000 多年文明发展历程中，各族人民紧密团结、自强不息，共同创造出源远流长、博大精深的中华文化，为中华民族发展壮大提供了强大的精神力量，为人类文明进步做出了不可磨灭的重大贡献。党的十八大以来，习近平总书记曾在多个场合提到文化自信。他指出："我们要坚定中国特色社会主义道路自信、理论自信、制度自信，说到底是要坚持文化自信。"通过对传统文化、先进文化的弘扬，有利于培养学生的理论自信、制度自信和文化自信。从这五年的高考来看，选择题、材料题都凸显对文化自信方面的考查。

例 1　（2019 年全国Ⅱ卷第 25 题）西汉初期，道家学说兼采阴阳、儒、墨、名、法各家学说的精髓；后来董仲舒的儒家学说也吸收阴阳五行、法、道等各种思想。促成当时学术思想上呈现这种特征的主要因素是

A. 王国势力强大　　　　B. 百家争鸣局面的延续

C. 现实统治需要　　　　D. 兼收并蓄的文化政策

［评析］道家和董仲舒的儒家学说都兼采众家之长，汉代思想兼容并蓄，特别是儒家思想经过发展，获得独尊的地位，对塑造我们民族精神有重要的影响。它反映了我们中华民族的精神追求，其最核心的内容已经成为中华民族最基本的文化基因，具有强大的凝聚力，树立文化自信。

例 2　（2018 年文科综合全国Ⅲ卷第 26 题）我国第一部药学专书《神农本草经》大约成书于汉代，《唐本草》是世界上第一部由国家制定的药典，宋代颁行了多部官修本草，明代李时珍撰成药物学集大成之作《本草纲目》，由朝廷颁行。这些史实说明，我国古代药学的发展

A. 源于大一统的政治体制　　B. 得益于国家力量的支持

C. 是商品经济繁荣的结果　　D. 受到了宋明理学的推动

［评析］"中医药学凝聚着深邃的哲学智慧和中华民族几千年的健康养生理念及其实践经验，是中国古代科学的瑰宝，也是打开中华文明宝库的钥匙。深入研究和科学总结中医药学对丰富世

界医学事业、推进生命科学研究具有积极意义。”① 本题是考查我国古代药学的发展。试题有助于学生加深对中国传统文化博大精深的认识，树立文化自信。

例 3 （2018 年文科综合全国Ⅱ卷第 27 题）昆曲在明朝万历年间被视为“官腔”，到清代被誉为“雅乐”“盛世元音”，宫廷重要活动常有昆曲演出，江南地区“郡邑大夫宴款不敢不用”，甚至“演戏必请昆班，以示府城中庙会之高雅”。这些史实表明，昆曲在明清时期的流行是因为

A. 陆王心学广泛传播　　B. 吸收了京剧的戏曲元素

C. 社会等级观念弱化　　D. 符合士大夫的文化品味

［评析］中国戏曲长久以来在普及传统伦理道德中有着不可取代的地位，在世界的影响独一无二。本题通过对昆曲的考查，考生不仅感受昆曲的美，而且感受中国文化的魅力，弘扬中华文明的传统。

例 4 （2017 年文科综合全国Ⅰ卷第 24 题）周灭商之后，推行分封制，如封武王弟康叔于卫，都朝歌（今河南淇县）；封周公长子伯禽于鲁，都奄（今山东曲阜）；封召公奭于燕，都蓟（今北京）。分封

A. 推动了文化的交流与文化认同

B. 强化了君主专制权力

C. 实现了王室对地方的直接控制

D. 确立了贵族世袭特权

［评析］本题讲述的是分封制度推动了文化的交流与文化认同。其命题立意即是赞赏古人在制度和文化上的智慧性、传承性

---

① 习近平同志曾在 2010 年出席澳大利亚皇家墨尔本理工大学中医孔子学院授牌仪式上这样评价中医药。

与合理性，体现的正是弘扬中国优秀传统文化的主旋律。①

例5　（2017 年全国Ⅱ卷第 47 题）

材料　颜回，孔子最看重的弟子之一。他居于陋巷，“一箪食，一瓢饮”，依然淡泊达观。颜回天资聪颖，能很快领悟老师的教诲，子贡称赞他“闻一知十”。每次谈到他的求学精神，孔子总是不吝赞赏。颜回尊敬老师，曾说：“夫子循循然善诱人，博我以文，约我以礼。”他践行孔子的学说，认为如果自己的才能智慧能够为世所用，就行其道；不为世所用，则独善其身。

颜回英年早逝。孔子非常悲痛：“有颜回者好学，不迁怒，不贰过。不幸短命死矣！”汉代以后，历代统治者给予颜回很高的评价。《魏书》云：“建国纬民，立教为本；尊师崇道，兹典自昔……释奠孔颜，乃其时也。”颜回自唐代起配享孔庙，与孔子并称“孔颜”，元代被封为“复圣”，对后世影响深远。

——摘编自白寿彝总主编《中国通史》等

（1）根据材料并结合所学知识，概括颜回成为孔子最看重的弟子之一的原因。

（2）根据材料并结合所学知识，简析颜回在后世受到尊崇的原因。

［评析］考查孔子的弟子颜回尊师重道，深谙孔子学说；用儒家思想塑造自己的精神，积极推动儒家学说。本题给考生传递信息：学习先民们崇高的道德要求，践行中国优秀传统文化。

例6　（2017 年全国Ⅲ卷第 24 题）图 4－1 是西周与战国两个时期相同文字的不同写法，反映出字形发生了变化，促成这一变化的主要因素是

① 邹永继. 高考热点信息研究［J］. 学周刊，2018（13）：118－119.

图 4－1

A. 文字的频繁使用　　　　B. 书写材料的不同

C. 各国变法的实施　　　　D. “书同文”的推行

[评析] 本题考查汉字的演变。春秋战国，教育和学术下移，“学在官府”向“学在民间”发展，读书识字的人增多，复杂的文字不利于书写，文字逐渐简化。通过中国文明的进步和发展让考生加强对传统文明的认同。

例 7 （2016 年全国Ⅱ卷第 24 题）图 4－2 为三国曹魏《三体石经》的残片，经文中的每个字均用先秦古文、小篆等三种字体刻写。这三种字体反映了

图 4－2

A. 当时统一文字的努力　　B. 汉字演变的历史过程

C. 当时字体流行的实际状况　D. 汉字尚未形成完整的体系

[评析] 本题考查的是汉字的起源演变。中国原始文字是可以读出来的“图画文字”，后来逐渐脱离图画，形成汉字，至商

朝，汉字已形成完整体系。从形式的变化考查汉字，目的是想让学生了解文字的演变历程，尊重并发扬优秀的文明。

例 8　(2015 年全国Ⅰ卷第 40 题)

材料一　在历史中，儒学一直在发展与创新。唐代韩愈以周公、孔子的继承者自居，排斥佛、道，鄙薄汉代以来的儒学，认为周公、孔子之道在孟子之后已经断绝。他在《原道》中说："吾所谓道也，非向（先前）所谓老与佛之道也。尧以是传之舜，舜以是传之禹，禹以是传之汤，汤以是传之文、武、周公，文、武、周公传之孔子，孔子传之孟轲。轲之死，不得其传焉。"他的这一主张被宋代儒者接受并发扬。当代学者认为韩愈开了宋代"新儒学"的先河。

——摘编自卞孝萱等《韩愈评传》

材料二　19 世纪末，康有为撰写《新学伪经考》《孔子改制考》二书，认为汉代以来儒者奉为经典的《周礼》《左传》等书，是汉代学者为王莽篡汉而伪造的，影响恶劣，导致"中国之民，遂二千年被（遭受）暴主夷狄之酷政"。他主张回归孔子所编定的《诗经》《礼记》等原典，理解真正的儒学精神。在他看来，孔子是一位伟大的改革家，《春秋》便是孔子为"改制"而创作的。他甚至用西学来解释《春秋》，认为《春秋公羊传》中的"三世"说为："始于据乱（世），立君主；中于升平（世），为立宪，君民共主；终至太平（世），为民主。"

——摘编自张海鹏等《中国近代史》

（1）结合材料一及所学知识，指出汉代儒学与孔孟儒学的不同之处，并概括宋代理学在哪些方面对儒学有所发展。

（2）根据材料一、二并结合所学知识，指出韩愈、康有为关于儒学认识的共通之处。

（3）我们应当以什么样的态度对待孔子与儒学？

[评析] 本题讲述不同时期儒学的发展状况，儒学是中国传统文化的主流思想和重要组成部分，它的精华是教导人们道德行为规范的准则，儒学的理念、精神等对维护社会稳定、增强民族凝聚力具有积极的意义，对现代社会道德、文化仍有深刻的启示。

文运同国运相牵，文脉同国脉相连。“中华民族在长期实践中培育和形成了独特的思想理念和道德规范，有崇仁爱、重民本、守诚信、讲辩证、尚和合、求大同等思想，有自强不息、敬业乐群、扶正扬善、扶危济困、见义勇为、孝老爱亲等传统美德。中华优秀传统文化中很多思想理念和道德规范，不论过去还是现在，都有其永不褪色的价值。”① 重视中华文化传承，有助于理解并认同社会主义核心价值观和中华优秀传统文化，具有对祖国和人民的深情大爱，理解和尊重世界各国优秀文化传统。作为历史考点而言，与传统文化与文化自信相关的有儒家文化的发展、传统文化的内涵、传统科学艺术成就等。

二、主权意识与“中国梦”（民族、国家认同）

习近平总书记强调“中国梦是民族的梦，也是每个中国人的梦”。为追求民族独立、国家统一和富民强国，历代中国人进行了艰苦的努力和奋斗。在中国历史上，提到国家主权问题突出的时期，莫过于近代史。鸦片战争后，我们开始丢失领土、贸易、关税、司法等主权，主权的不断丧失，使我们的民族危机一步步加深。近代中国不仅让我们深刻体会到落后就可能要挨打，还让我们意识到主权的重要性。加强对历史客观事实的了解，培养主权意识，民族、国家认同，这样能有效地维护祖国统一，实现中华民族伟大复兴。因此，在高考考查中，主权问题、民族、国家认同，一直是关注的知识点。

---

① 习近平主席 2014 年 10 月 15 日在文艺工作座谈会上的讲话。

例 1　(2019 年高考全国文综Ⅰ卷第 42 题)

材料　凡读本书请先具下列诸信念：

一、当信任何一国之国民，尤其是自称知识在水平线以上之国民，对其本国已往历史，应该略有所知。

二、所谓对其本国已往历史略有所知者，尤必附随一种对其本国已往历史之温情与敬意。

三、所谓对其本国已往历史有一种温情与敬意者，至少不会对其本国已往历史抱一种偏激的虚无主义，亦至少不会感到现在我们是站在已往历史最高之顶点，而将我们当身种种罪恶与弱点，一切诿卸于古人。

四、当信每一国家必待其国民备具上列诸条件者比数渐多，其国家乃再有向前发展之希望。

——钱穆《国史大纲》(1940)

评析材料中的观点（任意一点或整体），得出结论。（要求：结论不能重复材料中观点，持论有据，论证充分，表述清晰。）

［评析］本题考查对“本国已往历史”的评价，强调评价过去历史不能用现在社会及背景去评判，而是要放在当时的历史环境去考查，对待过去要理性、辩证。通过这道题，希望给考生传递一个信息：了解国家过去的历史，树立对国家、民族历史自豪感，更好地面向未来。

例 2　(2018 年全国Ⅰ卷第 45 题)

材料　汉武帝的诸多统一政策中，包含年号的制定。此前的纪年方法是，将新君即位后的第二年作为元年，以在位年序纪年。皇帝在位时没有特定的名号，如汉景帝在位的第三年即称为“二年”，与其他皇帝的“二年”难以区分。此外，诸王国各以诸侯王之年纪事，更易产生混乱。汉武帝首次“封禅”泰山时，创制了“元封”年号，将当年称为“元封元年”。朝廷所定的年号通用于全国所有地方，后世根据年号也能明白是哪一年。此后，直到清朝末年，年号制都被沿用，且影响到朝鲜、日本、越南等国。

——据（日）宫崎市定《中国史》等

（1）根据材料，说明汉武帝改革前后纪年方法的区别。

（2）根据材料并结合所学知识，简析汉武帝年号制改革的历史意义。

［评析］年号从汉武帝直到清朝末年都在使用，影响深远，不仅有助于维护祖国统一和主权完整，且影响到朝鲜、日本、越南等国，为世界文明发展做出重要贡献。本题意在向学生传递的信息：年号是中华民族在人类社会发展过程中创造的文明，引导学生多认识了解自己的国家，加强民族、国家认同感。①

例3 （2017 年全国Ⅰ卷第 25 题）

读表：

表 4－1

皇帝纪年	公元纪年	郡级政区
汉高帝十二年	前 195 年	15 郡
汉文帝十六年	前 164 年	24 郡
汉景帝中六年	前 144 年	68 郡、国
汉武帝元封五年	前 106 年	108 郡、国

表 4－1 为西汉朝廷直接管辖的郡级政区变化表。据此可知

A. 诸侯王国与朝廷矛盾渐趋激化

B. 中央行政体制进行了调整

C. 朝廷解决边患的条件更加成熟

D. 王国控制的区域日益扩大

① 李涵冰，李海军．2018 年高考文科综合全国卷历史试题总体分析及命题趋势研究［J］．辽宁教育，2019（5）：87－91.

［评析］汉武帝通过推恩令等措施，进一步削弱王国势力，使直接管辖的郡国迅速增多，中央集权更加巩固，为解决边患问题奠定基础和解除后顾之忧，强调国家维护统一以及国家主权完整的坚定决心。

例4 （2017年全国Ⅰ卷第40题）

材料一　在专制王权下的法国，国王曾自视为民族的代表，路易十四声称“朕即国家”“朕即民族”。启蒙思想家主张人民主权，抨击君主专制，阐述了与之相适应的民族思想：一个民族可以没有国王而将国家治理得井井有条，相反，一个国王若无国民则不存在，更不必说治理国家了，甚至表示“专制之下无祖国”。在法国大革命中，人们认为法兰西民族的成员不仅居住在同一地域、使用相同的语言，而且相互之间是平等的，全体法国人组成的法兰西民族。一般认为，法国大革命是法兰西民族诞生和民族主义形成的标志。

——摘编自李宏图《西欧近代民族主义思潮研究》

材料二　盖民族主义，对于任何阶级，其意义皆不外免除帝国主义之侵略。其在实业界，苟无民族主义，则列强之经济的压迫，致自国生产永无发展之可能。其在劳动界，苟无民族主义，则依附帝国主义而生存之军阀及国内外之资本家，足以蚀其生命而有余。故民族解放之斗争，对于多数之民众，其目标皆不外反帝国主义而已。

——《中国国民党第一次全国代表大会宣言》（1924年）

（1）根据材料一并结合所学知识，说明法国大革命对近代民族主义形成的促进作用。

（2）根据材料一、二并结合所学知识，概括国民党“一大”《宣言》中的民族主义与近代法国民族主义内涵的相同之处，并说明不同之处及其产生的原因。

［评析］民族主义是影响现代世界进程重要思潮之一，在近代中国的发展及对中国政治现代化的发展产生重要的影响。本题通过法国民族主义和《中国国民党第一次全国代表大会宣言》中民族主义对比，让考生深刻认识中国近代民族主义内涵：反对外来侵略，实现民族解放与独立，树立强烈的爱国主义情感。

例 5 （2017 年全国Ⅲ卷第 40 题）

材料　1602 年，荷兰东印度公司成立以后，荷兰人曾先后进攻澳门、台湾，遭到明朝官民的坚决抵抗而失败。1608 年，荷兰东印度公司董事会发出指示：“我们必须用一切可能来增进对华贸易，首要目的是取得生丝，因为生丝利润优厚。”1621 年，荷兰人得知西班牙人也计划占领台湾，遂于次年再次侵占澎湖，并于 1624 年侵占台湾南部。1642 年，其势力扩张到台湾北部。

1661 年，郑成功进军台湾，并正告荷兰驻军，台湾和澎湖列岛应由中国政府管辖，岛屿上的居民都是中国人，“他们自古以来占有并耕种这一土地”。荷兰人试图以赔款的方式换取郑成功退兵，被拒绝。

郑成功收复台湾后，台湾根据郡县制，设立一府二县；兴建孔庙，建立学院、府学、社学等完整的学校体系；开科取士，“三年两试，照科、岁例开试儒童”；许多文人学士随之入台，写下了台湾第一批文学作品；大量移民涌入，台湾的人口迅速增加。

——摘编自陈孔立主编《台湾历史纲要》

（1）根据材料并结合所学知识，概括荷兰侵占中国台湾与澎湖的历史背景和目的。

（2）根据材料并结合所学知识，简析台湾的收复在哪些方面促进了国家的统一。

［评析］本题通过讲述郑成功收复和建设台湾，不仅让学生认识“台湾自古以来就是中国的领土”，而且加深理解台湾的收复和建设对维护国家领土完整，进一步密切了两岸的往来和联系，增强民族、国家的认同感。

例 6 （2017 年全国Ⅰ卷第 46 题）

材料 1943 年举行的开罗会议上，中美两国政府首脑就战后问题进行了一次广泛详尽的讨论，在许多问题上达成一致。关于中国的国际地位，美方表示希望战后保持中国的大国地位，与美英苏共同担负维持和平的责任，中方欣然领诺。关于对日本的军事管制，美方希望以中国为主，中方要求美国主持，中国派兵协助。关于领土问题，中美双方同意，东北及台湾、澎湖列岛归还中国；美方询问中国是否希望获得琉球群岛，中方提出由国际机构委托中美共管；美方提议由中国先行收回香港，然后宣布与九龙合成为全世界自由港，中方深以为然，但后为丘吉尔拒绝。关于朝鲜和印度支那，中方提议让这些国家独立，美方表示同意。此外，双方还讨论了日本天皇的地位、日本以实物进行赔偿、美国对华经济援助、军事合作等问题。

——摘编自吴东之主编《中国外交史》

（1）根据材料并结合所学知识，指出中美双方就中国领土问题达成一致并写入《开罗宣言》的内容，说明其意义。

（2）根据材料并结合所学知识，简析中美政府首脑会晤所反映的美国战后东亚秩序构想。

［评析］《开罗宣言》对台湾主权归属中国的问题做了明确而权威的认定，其国际法理地位是不可撼动的。台湾是中国不可分割的一部分，树立祖国统一大业必将实现的坚定信心。

例 7 （2016 年全国Ⅱ卷第 27 题）

福建各地族谱中有大量关于入台族裔回乡请祖先牌位赴台的记载，此类现象在清乾隆年间骤然增多。这说明乾隆年间

A. 族谱编修顺应了移民的需求

B. 大陆移民已在台湾安居繁衍

C. 内地宗族开始整体迁移台湾

D. 两岸居民正常往来受到阻碍

［评析］族谱是中华文明史中具有平民特色的文献，记载的是同宗共祖血缘集团世系人物和事迹等方面情况的历史图籍。本题从福建各地族谱大量记载入台族裔回乡请祖先牌位赴台的史实，强调大陆和台湾之间的友好交往及同宗同源。

在历史学科核心素养五个方面中，家国情怀是诸素养中价值追求的目标，通过诸素养的培育，达到立德树人的要求。在树立正确历史观的基础上，从历史的角度认识中国的国情，形成对家乡、民族、国家的认同感，理解认同社会主义核心价值观和中华优秀传统文化，从历史中汲取经验教训，更全面、客观认识历史和现实社会问题，能够将历史学习所得与家乡、民族和国家发展繁荣结合起来，为新时代中国特色社会主义建设、中华民族伟大复兴做出自己的贡献。作为历史考点而言，与主权意识与“中国梦”相关的有中国古代华夷观念的发展变化、近代史上不同阶段、不同阶级民族意识观点及发展、西方民族主义思想形成演变、中国帝制时代对统一多民族国家的发展的贡献、中国梦与民族复兴（近代四大阶级追求民族独立、国家富强的探索；现代社会主义强国梦）等。

三、改革主题

在人类社会发展的历史长河中，既有急风暴雨般的革命狂飙，也有跌宕起伏的改革浪潮。革命与改革，是社会发展变化中最为常见的现象。牵引着人类社会从低级到高级、从不完善到比较完善和发展。尽管改革活动的具体境遇、改革举措、最终结果和影响不尽相同，但“万物皆变”，社会通过改革不断进步，则是历史发展的总趋势。“改革”成为100多年来最热门的重大命题，与我国当前正在推进的“全面深化改革”一脉相承。

例1 （2019年全国Ⅲ卷第44题）

材料　甲午战后，以康有为为代表的维新派主张开议院。随着维新运动的高涨，康有为认为“民智未开”，开议院为时过早。1898 年，康有为在《应诏统筹全局折》中提出：设制度局，负责“审定全规，重立典法”，“撰叙仪制官制诸规则”，甚至“酌定宪法”；制度局议定章程之后，交由法律局、税计局、学校局、农商局等 12 个专局来负责执行；制度局成员由皇帝擢拔，对皇帝负责；议事程序是“派王大臣为总裁，体制平等，俾易商榷，每日值内，同共讨论”，最终由皇帝裁决。开制度局的建议得到了光绪皇帝的重视和支持，但遭到保守势力的反对，最终未能实现。

——摘编自《戊戌变法档案史料》等

（1）根据材料并结合所学知识，简析康有为从主张设议院转向开制度局的原因。

（2）根据材料并结合所学知识，概括康有为所设计的制度局的特点。

［评析］政治民主化是历史发展的趋势。近代以来，中国的民主法制经历了一个曲折发展的历程。本题提到制度局议事程序是：“‘派王大臣为总裁，体制平等，俾易商榷，每日值内，同共讨论’，最终由皇帝裁决。”可见其运行有议院的性质。提倡设立制度局在近代中国民主政治发展上是一个进步，让学生理解一切的变革都是来之不易、从不完善到完善的过程。

例 2　（2018 年全国Ⅰ卷第 41 题）

材料　清末，时人认为“地方自治者，为今世界立国之基础……于救亡之事，至为切要”。1909 年，清政府颁布《城镇乡地方自治章程》，地方自治大致按行政区划分城镇和乡两级，设立议事会为议决机关，议员由选民互选充任。

——据张海鹏主编《中国近代通史》

根据材料并结合所学知识，简述清末城镇乡地方自治的历史背景。

［评析］村民自治是我国社会主义民主政治建设的基本内容。

社会主义民主的本质是人民当家做主，村民自治就是广大的基层村民群众实行自我教育和管理，是人民当家做主的直接体现，所以说实行村民自治是实现社会主义民主的有效形式和重要形式。本题从清末城镇乡地方自治的角度命题，引导学生关注我国现在乡村的建设和改革。

例3 （2018年全国Ⅲ卷第30题）1956年，刘少奇在中共八大政治报告中指出："我们目前在国家工作中的迫切任务之一，是着手系统地制定比较完备的法律，健全我们国家的法制。"这反映了当时

A. 法制建设开始迈向制度化

B. 法制工作围绕组建新政权展开

C. 法制建设与国内主要矛盾的变化密切相关

D. 政治体制改革推动了依法治国的全面实行

［评析］题干节选了中共八大上刘少奇所做的政治报告，突出当时一个迫切的任务是制定比较完备的法律和健全法制。根据当时社会主义改造基本完成和社会主义制度基本建立的所学知识，可以推断出中国社会的主要矛盾已经发生重大变化。

试题背后的深意或许正是，中国特色社会主义进入新时代，中国社会的主要矛盾已经变成人民对美好生活的向往和发展不平衡不充分之间的矛盾，这就需要我们高举习近平新时代中国特色社会主义思想的伟大旗帜，深入推进"四个全面"，实现"五位一体"。

例4 （2016年全国Ⅱ卷第29题）1930年，鄂豫皖革命根据地英山县水稻单位面积产量增加二三成，有的甚至达到五成，出现"赤色区米价一元一斗，白色区一元只能买四五升"的情况。这主要是因为根据地

A. 农民生产的积极性高涨

B. 红军英勇奋战保卫农民生产

C. 政府主要精力用于增产

D. 人民打破国民党的经济封锁

[评析] 本题考查革命根据地的土地革命。中国共产党领导的土地革命实现了封建土地所有制的废除，是一场影响深远的政治、经济与社会革命。土地革命正确路线的确立充分激发了广大群众的奋斗热情，积极投入革命、拥护革命的伟大事业中。土地革命的顺利进行为之后的革命奠定了基础，推动了中国现代化建设的发展，在中国历史上具有重大意义。本题意在引导学生关注传统革命教育。

例 5 （2016 年全国Ⅱ卷第 45 题）

材料　八旗军是清朝的正规军队，八旗将士领取饷银。甲午战败后，袁世凯组织新建陆军，张之洞组建自强军，皆采西法。1901 年，清政府改建兵制，取消旧式武举，创办武备学堂，编练新军，操习新式枪炮。1903 年设练兵处，作为全国招募和训练新军的中央机构。1904 年决定改建整个兵制，拟建新军 36 镇，为常备军，服役期 3 年。在自愿基础上征募士兵，并有严格的资格限制。1906 年，兵部与练兵处合并为陆军部，后来又建立海军部。陆海军均由满人官员掌控，皇帝是最高统帅。随着革命形势的发展，革命党在新军中的组织迅速扩大。

——据《清史稿》等

（1）根据材料并结合所学知识，指出与八旗军相比，新军具有哪些特点。

（2）根据材料并结合所学知识，简评清政府军事改革的影响。

[评析] 在所提供的材料中，可以发现清朝进行军事改革的背景——甲午战争的失败和袁世凯组建的新陆军和张之洞组建的自强军等新军的建设过程，以及后来陆军部、海军部的建立。从而使学生明确这样一个基本事实：清朝的军事改革不仅是一次较为完整的改革，而且还是一次不断深化的改革。虽然这些材料所

提供仅是清朝在军事上进行的“深化改革”个案，但“深化改革”却正是当今的时政热点。为学生正确思考当下的“深化改革”构建了正确的思维模式。①

改革是革除已经过时的旧制度、旧文化和旧思想，创造富有生机的新制度、新文化和新思想，解放生产力，推动社会的进步和历史的发展。改革是历史发展的鲜明主题，也是历史发展的动力，可以说人类文明史是一部不断改革的历史。因此，改革一直是高考关注的焦点。作为历史考点而言，与改革相关的主要有历史上的重大改革等。中国古代政治之政治、经济、文化制度的改革、近代西方民主政治的改革、现代苏联改革、近代反侵略求民主的追求、现代社会主义民主法治建设等。

四、经济全球化与区域化

当今世界正经历百年未有之大变局，经济全球化深入发展的大势不会逆转。习近平主席指出：“经济全球化是历史潮流。长江、尼罗河、亚马孙河、多瑙河昼夜不息、奔腾向前，尽管会出现一些回头浪，尽管会遇到很多险滩暗礁，但大江大河奔腾向前的势头是谁也阻挡不了的。”② 随着改革开放的进一步深入和经济全球化趋势的加速，经济越来越成为重要的关注点。高考命题对此也有相当的关注。

例1 （2018年全国Ⅱ卷第35题）20世纪60—70年代，法国、联邦德国和意大利北部原本落后的农村迅速实现了机械化，数百万农民成了相对富裕的农场主。这一变化的原因是

---

① 高槐泽. 高考历史材料题高频点归纳［J］. 中学历史教学参考，2017（20）：60.

② 2019年11月5日习近平主席在第二届中国国际进口博览会开幕式上发表主旨演讲《开放合作　命运与共》。

A. 马歇尔计划开始发挥作用　　B. 欧洲经济一体化的推动

C. 西欧社会福利制度的确立　　D. 布雷顿森林体系的瓦解

［评析］本题考查的是区域集团化对农村经济发展的推动。本题旨在让学生认识区域经济集团化作为世界经济全球化的组成部分，增强了世界经济的活力，导致在世界范围内社会生产力的极大提高。随着中国进一步深入改革开放，积极参与全球合作，通过区域集团化的关注，引导学生关注全球经济发展趋势。

例2 （2017 年全国 Ⅰ 卷第 35 题）1976 年，美、英、法等西方国家组成七国集团，协调经济政策以解决世界经济难题，俄罗斯加入后成为八国集团。1999 年，八国集团国家和中国、巴西、印度等组成二十国集团，寻求合作以促进国际金融稳定和经济持续增长。从这一历程可看出

A. 世界格局的变化冲击旧的世界经济秩序

B. 经济全球化深入到贸易金融领域

C. 越来越多的亚非拉国家进入世界体系

D. 区域经济集团从封闭走向开放

［评析］经济全球化是历史潮流。尽管会出现一些回头浪，尽管会遇到很多险滩暗礁，但大江大河奔腾向前的势头是谁也阻挡不了的。世界经济发展面临的难题，没有哪一个国家能独自解决。各国应该坚持人类优先的理念，以更加开放的心态和举措，共同把全球市场的蛋糕做大，把全球共享的机制做实，把全球合作的方式做活。本题从越来越多国家参与到解决世界经济难题的角度，让学生积极主动投身于现代化建设，不断为推动建设开放型世界经济、构建人类命运共同体做出贡献。

例3 （2016年全国Ⅰ卷第34题）

表4－2

成立时间	名称
1955	国际茶叶委员会
1960	石油输出国组织
1962	可可生产者联盟
1970	天然橡胶生产者协会

推动表4－2所列国际组织出现的主要因素是

A. 发达国家经济高速增长造成的资源紧缺

B. 新兴独立国家应对不利的国际经济秩序

C. 经济全球化开始扩展到生产领域

D. 经济的区域集团化取得显著成就

［评析］本题通过考查在世界经济全球化趋势背景下，面对西方国家的冲击，新兴独立国家加强彼此经济合作，纷纷建立一些国际组织，应对不利的国际经济秩序，为建立国际经济新秩序努力。加强学生对国家形势的认识和了解，积极投身于现代化建设，关注世界经济发展趋势。

例4 （2016年全国Ⅰ卷第35题）1947年，美国国务卿马歇尔提出援助欧洲复兴计划，并敦促欧洲方面首先拟定一项联合性质的计划，要求该计划即使不能得到所有欧洲国家的同意，也应征得一部分国家的同意。马歇尔计划体现出来的美国对欧政策

A. 有利于煤钢联营的建立　　B. 促成了欧美平等伙伴关系

C. 导致欧洲出现对峙　　D. 成为德国分裂的根源

［评析］本题提到马歇尔计划“敦促欧洲方面首先拟定一项联合性质的计划”，可见美国对欧政策有利于欧洲一体化，促进煤钢联营的建立。本题试图通过对区域集团化的考查，引导学生关注区域集团化进程中的中国的对外交往及其对中国的影响。使学

生形成勇于和善于参与国际合作与竞争的精神和能力，更具有世界意识。

经济全球化是不可逆转的时代潮流。“世界经济的未来是一个再全球化的过程，即重塑全球经济秩序与规则，让经济全球化的成果造福世界各国人民。这事关全球治理体系的变革，考验着主要经济体的大国担当和责任，注定是一个艰难的博弈过程。”① 经济全球化与区域化一直是关注的焦点之一。作为历史考点而言，与经济全球化与区域化有关的主要是新航路开辟、殖民运动、两次工业革命、经济危机、二战后资本主义经济及体系、经济全球化、经济区域集团化、逆经济全球化等。

五、中外交流与“一带一路”（对外开放）

“一带一路”倡议的提出与国际形势变化密切相关，背景是世界经济增长乏力、经济全球化面临严峻挑战。五年来，“一带一路”倡议始终坚持共商共建共享原则，不断促进全球经济的开放与发展，增进世界文明的对话与交流，参与全球生态的治理与完善，不断应对人类社会的各类问题与挑战，成为建设持久和平、普遍安全、共同繁荣、开放包容、清洁美丽的世界的重要途径。②

例1 （2019年全国Ⅲ卷第25题）在今新疆和甘肃地区保存的佛教早期造像很多衣衫单薄，甚至裸身，面部表情生动；时代较晚的洛阳龙门石窟中，造像大都表情庄严，服饰亦趋整齐。引起这一变化的主要因素是

---

① 李向阳. 正确应对经济全球化逆流：国际金融危机十周年反思系列之一［N］. 人民日报，2018-04-19：第22版.

② 赵龙跃. 以“一带一路”推动构建人类命运共同体［EB/OL］.［2018-09-08］. http://new.cnr.cn/theory/gc/20180908/t20180908_524354475.shtml.

A. 经济发展水平　　　　　　B. 绘画技术进步

C. 政治权力干预　　　　　　D. 儒家思想影响

［评析］本题通过佛教传播过程中造像服饰、表情的区域差异，反映中外文化的交流与融合，引导学生增强对历史上各国、各民族文化传统的理解和尊重，树立正确的文化观。①

例 2 （2018 年全国Ⅱ卷第 41 题）

材料　中国是大豆的故乡，甲骨文中就有关于大豆的记载。先秦时期，大豆栽培主要是在黄河中游地区，“豆饭”是人们的重要食物，《齐民要术》通过总结劳动人民长期的实践经验，认识到大豆对于改良土壤的作用，主张大豆与其他作物轮种。唐宋时期的文献中都有朝廷调集大豆送至南方救灾、备种的记录，大豆的种植推广到江南及岭南……从古至今，各式各样的豆制品是中国人喜爱的食物，提供了人体所需的优质植物蛋白。

1765 年，大豆引入北美，最初作为饲料或绿肥。19 世纪 60 年代，豆腐在美国开始被视为健康食品。19 世纪末，大豆根瘤的固氮功能被发现，在美国干旱地区推广种植，至 1910 年，美国已经拥有 280 多个大豆品种。1931 年，福特公司从大豆中开发出人造蛋白纤维，大豆成为食品工业、轻工业及医药工业的重要原料。1954 年，美国成为世界上最大的大豆生产国，种植面积超过 1 亿亩。大豆在南北美洲都得到广泛种植，美洲的农田和中国人的餐桌发生了紧密联系。

——摘编自刘启振等《“一带一路”视域下栽培大豆的起源和传播》等

（1）根据材料并结合所学知识，概括我国历史上种植利用大豆的特点和作用。

① 教育部考试中心. 深化考试内容改革凸显学科育人功能：2019 年高考历史试题评析［J］. 中国考试，2019（7）：29－33.

（2）根据材料并结合所学知识，说明大豆在美国广泛种植的原因。

（3）根据材料并结合所学知识，简析物种交流的积极意义。

［评析］党的十八以后，中国外交政策从战略的高度进行了调整，“中国特色大国外交”成为中国外交的新定位。需要注意的是，“中国特色大国外交”既不是指在中国外交战略布局中对其他大国的战略与政策，也不是所谓的大国之间的战略博弈，而是指中国作为一个大国的外交。与西方传统的大国外交相比，“中国特色大国外交”反映了中国作为大国的责任担当，反映了中国致力于通过构建新型国际关系来实现中国与世界共赢的美好愿景。① 基于这一背景，结合中美贸易战这一时政热点，本组试题以大豆在古代中国和近代美洲的种植、利用和传播为载体创设问题情境，要求学生站在世界不同文明相互交流的角度，认识世界发展大势。关于物种交流的意义，要关注世界文明的交流和人类文明发展的大势。物种交流本身得益于世界市场的形成与发展，反之，作为世界文明交流的重要方式，物种的交流又进一步密切了世界各区域之间的联系，加速了世界市场的发展；而从人类文明发展的大势来看，物种交流推动了人类文明的发展，将全人类的命运更紧密地联系在一起，有利于人类命运共同体的构建。②

例3 （2017 年全国Ⅰ卷第 29 题）1904 年，湖南、四川、江苏、广东、福建等长江流域与东南沿海 9 个省份留日学生共计 1 883人，占全国留日学生总数的 78%，直隶亦有 172 人，山西、陕西等其他十几个省区仅有 351 人。影响留日学生区域分布不平

① 刘建飞．中国特色大国外交的时代特色［J］．国际问题研究，2017（2）：29－41．

② 欧国文，陈达怡．以史观今 引领正确价值观：2018 年高考历史全国卷试题分析［J］．中国考试，2019（3）：66－70．

衡的主要因素是

A. 地区经济文化水平与开放程度有别

B. 革命运动在各地高涨程度存在差异

C. 清政府鼓励留学的政策发生变化

D. 西方列强在中国的势力范围不同

［评析］材料反映的是1904年留日学生区域分布不平衡的历史现象，体现了地区经济文化水平与开放程度有别。与近代的屈辱被动的对外开放相比，新中国的40年改革开放更加主动和注重平等，同时，在经济全球化深入发展的背景下，如何更好地维护主权完整和利用好全球化的成果，值得我们所有的中国人认真总结历史经验，并警惕和化解各种风险。

例4 （2017年全国Ⅰ卷第42题）

阅读材料，完成下列要求。

表4-3

时间	中国	外国
14—15世纪	朱元璋在位期间，与占城、爪哇、暹罗等30余国进行官方贸易 废除丞相制度 郑和七下西洋，是世界航海史和中国古代对外交往史上的壮举	德国人古登堡发明了最早的印刷机 哥伦布到达美洲大陆 佛罗伦萨200余家纺织工场雇佣3万余名工人
16世纪	张居正进行赋役合一、统一征银的“一条鞭法”改革 李时珍《本草纲目》刊刻 玉米、番薯、马铃薯等高产作物传入中国 汤显祖出生，代表作《牡丹亭》表现男女主人公冲破礼教束缚，追求爱情自由	哥白尼提出“太阳中心说” 意大利传教士利玛窦到中国，传播了西方自然科学知识 莎士比亚出生，代表作《哈姆雷特》

续上表

时间	中国	外国
17 世纪	朱子学在日本为官方推崇，成为显学 茶叶大量输往欧洲 宋应星《天工开物》刊刻 美洲白银大量流入中国 郑成功收复台湾	英国入侵印度，英属东印度公司在印度开展殖民活动 英国早期移民乘“五月花号”到达北美

——据李亚凡编《世界历史年表》等

表 4 – 3 为 14—17 世纪中外历史事件简表。从表中提取相互关联的中外历史信息，自拟论题，并结合所学知识予以阐述。（要求：写明论题，中外关联，史论结合）

［评析］本题通过列举 14—17 世纪中西方政治、经济、文化、对外关系等领域的史实，要考生提取信息形成论题，并论述。开放性的题目作答空间和思维开放。从本题的命题意图看，要求中外关联，强调学生注意中外交流，但是近代中国越来越封闭，使中国的社会发展长期处在停滞状态，逐渐落后于世界发展潮流，通过对历史的反思，让考生认识到进一步开放是在经济全球化过程中抢占先机、赢得主动的必然选择，对拓展对外开放的广度和深度、构建开放型经济新体制、形成全面开放新格局具有重要的现实意义和深远的战略意义。①

“一带一路”构想是借助古代“丝绸之路”的渊源。“丝绸之路”在古代东西方交流发挥重要的作用。它见证东西方物质文明和精神文明的交流与交融，具有重要的历史价值。2013 年，习近

① 付胜南. 新时代全面深化改革开放的意义、方向与战略：习近平关于改革开放的重要思想［J］. 治理现代化研究，2018（5）：5 – 9.

平主席外访，提出“丝绸之路经济带”和“21 世纪海上丝绸之路”的战略构想，简称“一带一路”。这一重大战略构想不仅有利于实现中华民族的伟大复兴，也有利于推动沿途国家共同繁荣，是中国梦与世界梦的有机结合。“一带一路”是当今社会的热点，也是高考的重点，复习备考应引起重视。作为历史考点而言，与“一带一路”相关的考点主要有古代中西方交往、对外开放、区域合作等。

六、人口迁移与城市发展

人口迁移和城市化是人类社会发展历程中的重要现象。在发展中国家，人口迁移的政策对城市化进程及整个经济、社会的发展有着重要的影响。一方面从城乡融合的速度、城市经济、城市郊区化等方面促进城市化的发展，另一方面也从城市发展不平衡、增加城市管理难度、城市社会问题等方面给城市发展带来巨大的压力。所以关注人口迁移和城市发展问题，对社会主义现代化建设有一定的推动作用。

例 1　（2018 年全国Ⅲ卷第 41 题）

材料一　19 世纪 40 年代初，上海开始“依港兴市”，租界中“华洋杂居”；60 年代后，上海由一个古老的县城逐渐发展成港口与商业中心；19 世纪下半叶形成了沪东、沪西、沪南等工业区。甲午战争后，民族资本参与上海发展，形成新的商业区。1929 年，由市政府主导，建成以江湾五角场为中心的“大上海市中心区”。1949 年后，上海一直是国家重要的经济中心。十一届三中全会以后，上海作为国际化大都市，世界影响力日益增强。

——摘编自张仲礼编《近代上海城市研究》等

材料二　16 世纪开始，曼彻斯特从军事要塞逐渐发展成为工商业城市。1830 年已有棉纺厂 99 家，并开通世界最早的现代化铁路。1838 年，设立议会和市政府，摆脱了封建管理体制。19 世纪下半期，从传统的棉纺业衍生出许多新门类，开通了通海运河，可通往世界各地。20 世纪初，不断与周围工业社区及城镇连接，发展为大城市。1961—1981 年，因过于拥挤，人口大量外迁，老龄化日益严重，纺织业日趋衰落。20 世纪后期，城市中心被废弃的工业区包围，几个大面积的旧贫民区仍然存在。

——摘编自（英）克拉潘《现代英国经济史》等

（1）根据材料并结合所学知识，概述上海和曼彻斯特发展成为近代大都市的相同因素。

（3）根据材料并结合所学知识，以曼彻斯特为例，简析现代城市发展中应当注意的问题。

［评析］以上海和曼彻斯特两个城市的发展为例，对现代化进程中的城市发展及相关问题进行比较视域下的考查，要求考生概括上海和曼彻斯特作为近代大都市的相同因素和以曼彻斯特为例简析现代城市发展中应当注意的问题等，引导学生思考社会主义现代化建设过程中城市建设的问题。

例 2　(2016 年全国Ⅰ卷第 40 题)

材料一　清朝康、雍、乾长达一个多世纪中，社会总体稳定，清政府取消了人头税，根据耕地面积确定税额，减轻了下层百姓负担。农业上普遍采用了轮作、复种、多熟等农作制。玉米、甘薯等耐寒、耐旱、高产作物不断推广，人们将林木覆盖的山地和草原广为开垦。人口从清初的 1.8 亿增加到鸦片战争前夕的 4 亿之众，引起了一系列变化：一些地区“游手好闲者更数十倍于前”“田地贵少，寸土为金”；水土流失和草原沙化现象凸显；农业人均收益递减，各地民变此起彼伏。

——摘编自李龙潜《明清经济史》

材料二　为解决人口压力，康有为认为，“西北诸省土旷人稀，东三省、蒙古、新疆疏旷益甚，人迹既少……早谋移徙”。严复则认为兴办现代实业较垦荒辟田有效得多。到民国时期，有人认为，“人口增加是无止息的，食料的增加是越来越困难的。即使我们能开垦荒地、改良农业、增加生长，总是赶不上人口增加的快”；至于工业化一途，因需要大量投资，短期内难以搞成。因此很多人认为，解决人口问题的“治本方法”是“迟婚与节育”。

——据《康有为全集》等

（1）根据材料一并结合所学知识，说明清中期人口膨胀的原因及其影响。

（2）根据材料二并结合所学知识，概括近代学者缓解人口压力的主张，并加以简要评价。

［评析］“人口问题”是当今世界普遍关注的三大问题（人口、资源、环境）之一，也是高考历史的热点问题。该题围绕明清时期的人口问题，以近代历史学家对人口问题的认识为切入点，对历史上人口问题进行探讨，具有浓烈的历史意识，也切合当代人口政策的变化。试题以史为鉴，引领学生从历史发展的角度理解和认同国家政策，把握历史发展的规律，对历史与现实有全面、正确的认识。①

例3　（2016年全国Ⅱ卷第40题）

材料

表4-4　近代以来全球国际人口迁移

时间	1500—1850年	1850—1945年	1945—2000年
主要移出地	欧洲、非洲	欧洲、亚洲	亚洲、非洲、拉丁美洲
主要移入地	美洲	美洲	西欧、北美洲、大洋洲

① 陈德康. 2016年高考全国文综Ⅰ卷历史试题评析与指导［J］. 福建基础教育研究，2016（7）：125-127.

续上表

时间	1500—1850 年	1850—1945 年	1945—2000 年
人口迁移数量	至 1850 年，黑奴约为 1 500 万，为白人移民的4～5 倍	1846—1924 年欧洲移出 4 800 万，1834—1941 年亚洲移出 1 200～3 700 万	1960 年迁移人口为 325 万，1974 年为 947.5 万，1985—1990 年年增长率为 2.59%

——据邬沧萍《世界人口》等编制

根据材料并结合所学知识，概括近代以来全球国际人口迁移的基本趋势。

［评析］人口迁移政策作为影响劳动力流动的关键变量一直备受关注。人口迁移对调整人口分布、劳动力盈缺、促进地区文化交流、新资源的开发、经济文化区的建立、民族和种族的融合等都有重要的作用。本题通过考查新航路开辟后，随着交通等的发展，国际人口迁移速度加快，特别是工业文明到来，改变了把劳动力束缚在土地上的状况，随着工业生产条件的变化等要求，劳动资料、劳动对象和劳动力及市场之间形成良好的配合，人口迁移规模前所未有。通过对人口迁移的关注，引导学生思考随着我国改革开放的不断深入，户籍制度的变化，人口发生的大规模迁移，在迁移过程中对城市建设、乡村发展带来不同程度的影响。研究人口迁移，对我国社会发展、经济进步及城乡发展都有重要的意义。

人口是促进与制约社会发展的关键因素，对社会发展有促进作用，但当人口规模超过一定的限度时，会对经济、资源等方面产生不利的影响。作为历史考点而言，与人口问题相关的主要还有人口膨胀问题、不同时期的人口政策、城市化问题、户籍改革问题、人口迁移问题等。人口迁移问题是比较常见的命题切入点。

“城市化”，是指人口、用地和经济、文化、生活模式由农村型转向城市型的过程。与现实密切相关，是不可回避的焦点问题。作为历史考点而言，与城市问题相关的有中外不同时期城市的发展、社会治理、工业化、环境污染、人口问题、产业结构调整、以及生活方式、思想文化和社会组织关系等的城市化等。

七、经济体制改革

以1978年党的十一届三中全会召开为起点，我国改革开放已走过40年波澜壮阔的历程。40年来，改革从农村起步逐步转向城市，从设立经济特区到稳步扩大内陆开放，从大力推进国有企业改革到不断深化行政体制改革，从成功加入世界贸易组织到积极参与全球经济治理，我国经济体制改革的广度、力度和深度不断加大。“特别是党的十八大以来，以习近平同志为核心的党中央高举改革开放旗帜，以前所未有的决心和力度，以经济体制改革为重点全面深化改革，改革呈现出全面发力、多点突破、纵深推进的生动局面，推动党和国家事业取得历史性成就、发生历史性变革。”①

例1　（2019年全国Ⅰ卷第41题）

材料　20世纪80年代以来，我国钢产量迅速增长，1983年达到4 002万吨，1986年达到5 205万吨，至2002年达到18 224.89万吨，钢产量已连续7年保持世界第一。2002年全行业完成固定资产投资比2001年增长39.30%，2002年重点大中型钢铁企业科技活动经费筹集总额比2001年增长33.82%。钢材品种结构继续改善，国民经济发展需要的特殊品种和高附加值品种大幅增加。

——摘编自《中国统计年鉴》等

① 中共国家发展改革委党组．承前启后　坚定方向　开启中国经济体制改革新征程［J］．求是，2018（17）：35－38．

根据材料二并结合所学知识，简析改革开放以来中国钢铁业发展的主要原因。

［评析］党在十二届三中全会《关于经济体制改革的决定》，明确提出要加快以城市为重点的整个经济体制改革的步伐，以便于更好地开创社会主义现代化建设的新局面。本题从中国钢铁业发展角度考查国有企业改革。立意是希望学生关注中国特色社会主义经济体制改革，了解党的十九大以来，中国确定了经济体制改革的市场化方向与重点，其中，国企改革为重中之重。

例2　（2019 年全国Ⅱ卷第 31 题）1979—1981 年，中国减少粮食播种面积 5 000 万亩，有计划地扩大了经济作物的种植面积，在有条件的地方还开始逐步退耕还林还牧，鼓励农村在经济合理原则下举办社队企业。这些政策

A. 推动了农村经济结构的调整

B. 加快了私营企业发展

C. 完善了家庭联产承包责任制

D. 健全了市场经济体制

［评析］本题考查家庭联产承包责任制有关农村经济结构的调整。发端于农村的经济体制改革，为国民经济持续快速发展奠定了基础，对建设中国特色社会主义事业起到了开拓性作用。农村经济体制改革的基本经验在于，以保障农民的物质利益和民主权利为出发点和落脚点，坚持市场化改革取向，采取渐进式改革策略，并充分尊重农民的首创精神。本题立意：让学生了解农村经济改革，懂得建设社会主义新农村的必要性。

例3　（2016 年全国Ⅲ卷第 31 题）1980 年与 1975 年相比，我国粮食播种面积减少 6 884 万亩，总产量却增加 674 亿斤；棉花播种面积减少 53 万亩，总产量增加 652 万担；油料作物和甜菜播种面积共扩大 3 626 万亩，其总产量分别增加 70% 和 150%。出现这一现象的主要原因是

A. 农民生产自主权的扩大

B. 农业生产技术有了革命性的改变

C. 农村经济体制改革完成

D. 国家取消对农副产品的统销政策

［评析］本题考查的是家庭联产承包责任制的农民生产自主权的扩大问题。1978 年农村经济体制改革开始，推行以家庭承包经营为主要形式的责任制，农民拥有了土地的使用权，生产自主权扩大，生产积极性提高，因而出现了题干材料中的增产现象。通过对家庭联产承包责任制的考查，引导学生关注当下国家对于进一步完善农村经济体制，稳定党在农村的各项支农惠农政策，走中国特色农业现代化道路等政策。

例 4 （2017 全国Ⅰ卷第 31 题）1990 年，一份提交中央的报告说，理论上的凯恩斯主义和实践中的罗斯福新政，实际上是把计划用作国家干预的一种手段，从那时候起，计划与市场相结合成为世界经济体制优化的普遍趋势。据此可知，该报告的主旨是

A. 肯定国家干预经济的发展模式

B. 阐明融入经济全球化的必要

C. 主张摆脱传统经济模式的束缚

D. 剖析西方经济体制的实质

［评析］本题从罗斯福新政把计划用作国家干预的一种手段，把计划与市场相结合趋势发展，让学生对计划与市场、计划经济和市场经济的关系做了重新思考，并认识中国特色社会主义市场经济理论是对马克思、恩格斯经典社会主义经济理论的重大突破和理论创新，解决了社会主义与市场经济的兼容问题。重新认识计划与市场的关系，无疑具有重要的理论意义和现实意义。

新的时代、新的实践、新的挑战下继续推进中国特色社会主义伟大事业，必须全面深化改革开放。党的十九届四中全会不仅系统总结党的十八届三中全会以来全面深化改革的理论成果，且

对新时代全面深化改革加以设计。经济体制改革是全面深化改革的重点，必然受到更多的关注。作为历史考点而言，与经济体制改革有关的有中国经济体制改革和对外开放、社会主义市场经济体制、苏联社会主义经济体制的建立和改革、世界资本主义经济体制的调整等。

八、公民意识和廉政建设

公民及公民意识是现代宪政运动的产物，公民的基本素质即公民意识在国家状况和国家与公民的关系上起着举足轻重的作用。公民意识的强弱决定国家的文明程度高低；公民意识的状况决定国家公职人员的素质；公民意识的强弱程度制约着国家法治建设的状况；公民意识的强弱影响着政府官员的廉洁状况。可以说公民意识的强弱决定着国家凝聚力的状况。[①] 习近平同志在党的十九大报告中提出："弘扬忠诚老实、公道正派、实事求是、清正廉洁等价值观。"弘扬廉洁价值观，作为全面从严治党的重要举措，是一个系统工程，涉及党的思想建设、作风建设等各方面建设，关乎党和国家的前途命运，关乎中华民族的兴旺发达，进而彰显马克思主义的真理力量和社会主义的制度优势，无疑具有十分重要的意义。

例 1　（2017 全国Ⅱ卷第 32 题）在梭伦改革之后的雅典，有的执政官是未经正当选举上台的，被称为僭主。他们一般出身贵族，政绩斐然，重视平民利益，但最终受到流放等惩罚。这种现象表明，在当时的雅典

A. 贵族垄断国家政权　　B. 政治生活缺乏法制基础

C. 平民没有政治权利　　D. 民主政治已是人心所向

［评析］材料可知，由于未经正当选举上台，尽管僭主们

---

① 何方耀. 现代公民意识与国家凝聚力［J］. 广东省社会主义学院学报，2017（1）：26－30.

“政绩斐然，重视平民利益”，但最终下场往往非常悲惨，未经民主程序上台的领导人不能得到拥护，说明民主政治已是人心所向。本题设计意图是希望借此培养学生的法律意识（规则意识）。每个人都有独立意志，在民主管理过程中，要有规则意识，这些规则是公民共同意志的体现，不是由某个人或某个利益集团决定的。

例 2 （2017 年全国Ⅲ卷第 32 题）在古代雅典，官员就职前须宣誓保证依法履行职责，陪审员须宣誓保证公正审判，年满 18 岁的青年男子须参加成人宣誓仪式才拥有公民的权利和义务。这些宣誓旨在

A. 限制权力滥用　　　　B. 防止官员腐败

C. 培育权利观念　　　　D. 增强责任意识

［评析］官员宣誓、陪审员宣誓、年满 18 岁的青年男子宣誓等都是为了让他们更好地履行本职工作，对工作负责。不仅强调公民享有权利，同时遵守义务，履行职责。本题意在通过考查，让学生强化责任意识，在遇到国家政治和社会利益问题时，自觉维护公共利益。

例 3 （2016 年全国Ⅱ卷第 32 题）公元前 5 世纪剧作家阿里斯托芬提到，雅典政府有时让行使警察职能的公共奴隶，用染成红色的绳子驱使公民去参加公民大会。若有人因此在衣服上留下红色痕迹，他将被处以罚款。这反映出在当时的雅典

A. 公民大会形同虚设　　　　B. 民众失去政治热情

C. 参政是公民的义务　　　　D. 政府丧失民众信任

［评析］公民个体成长与城邦不可分割。公民教育、公民意识的培养就是使公民个体积极参与公共生活，成为城邦的主人，参加公民大会就是公民一项重要的内容。驱使少数民众前去参加公民大会体现了参政议政不仅是公民的权利，更是公民义不容辞的义务。本题设计意图让学生通过公民参与意识教育，培养公民作为政治共同体的成员，积极参与行使公共权力的主人意识，在

参与中了解自己作为公民应有的权利和义务。

例 4　(2015 年全国Ⅱ卷第 45 题)

材料　清代前期，正一品文官年薪俸银 180 两，正七品知县 45 两，正九品官员 33 两。这些银两除养家糊口外，还要支付随从、幕僚的酬金及办公费用，普遍入不敷出。各级官员在征收田赋等税收时，以各种名义额外加征。这些税外之税，小部分作为各级衙门的办公经费，大部分被各级官员据为己有。“大州上县，每正赋一两”，额外加征“银一钱五分、二钱不等”；部分州县“数倍于正额”，以致引发民变。雍正帝认为，与其暗取而多征，不若明定其数；与其营私而中饱，不若责其办公。他决定改革，明确规定加征的税额，统一管理，用于发放以“养廉”为名的津贴。养廉银的数目，视职位的高低及岗位的重要程度而定。总督每年约二万两，州县官每年也有二千两左右，用作办公经费与官员薪水补贴。官员的合法收入大幅提高。

——摘编自黄惠贤等《中国俸禄制度史》

(1) 根据材料，概括指出清政府建立养廉银制度的原因。

(2) 根据材料并结合所学知识，简析养廉银制度的作用。

[评析] 本题从清政府的养廉银制度为出发点，考查其原因和作用，事实上，这一命题与当今的反腐倡廉直接挂钩，直击社会热点和民众关心的问题。

每个人都是社会成员。作为社会公民，应有公正、公平的社会意识，引导学生关注社会公平，关注弱势群体，培养学生的社会公正意识，关注并参与人类命运共同体的构建。与公民意识相关的有希腊雅典民主政治、近代西方民主法制的建设、社会主义现代民主法制建设、依法治国等。

2013 年 1 月 7 日，习近平总书记在全国政法工作电视电话会议提到，努力让人民群众在每一个司法案件中都能感受到公平正义，保证中国特色社会主义事业在和谐稳定的社会环境中顺利推进。党风廉政建设和反腐斗争是一项长期的、复杂的、艰巨的任务。随着市场经济制度的不断成熟，制度建设创新不断深入，惩治腐败的力度不断加大，预防腐败的水平不断提升，公众廉政意识不断强化，腐败现象最终将得到根本遏制。作为历史考点而言，与廉政建设相关的有古代中国的监察制度、近代西方的权力制衡制度，中国新型社会主义民主制度等。

历史像一面镜子，反映过去，照映现实。脱离现实社会的历史学习是没有意义的，关注现实才是历史应有的魅力。通过对近五年全国卷试题的分析，不难发现长效热点在高考的命题中占据了重要的分量。如 2019 年全国卷，Ⅱ卷的第 25 题“传统经济文化与文化自信”、Ⅰ卷第 42 题“民族、国家认同”、Ⅲ卷第 44 题“政治民主化”、Ⅲ卷第 25 题“中外交流”、Ⅰ卷第 41 题“经济体制改革”等都体现了对社会的关注，对历史的反思。高考命题的研究，对历史教学有着很强的导向作用，“考什么，教什么”，进而提高备考的效率。

第二节　命题研究的意义

一、适应高考改革的步伐

21 世纪是知识经济时代，综合国力的竞争说到底是人才的竞争。我国已经进入中国特色社会主义新时代，促进人的全面发展，推动社会全面进步，人民群众对优质教育有了新的向往，这对人才的培养提出了更高的要求。《中国高考评价体系》提出“素质教育培养出的合格人才应该能够学以致用、能够探索并解决日常生活、学术科研、国家发展乃至人类社会所面临的各种问题。在应用性方面表现出色的学生善于观察各种现象，能够主动灵活地应用所学知识分析并解决社会生活实践中的问题。高度关注与国家经济社会发展、科学技术进步、生产生活实际等紧密相关的内容与问题，具备良好的实际解决能力”，同时强调“中国高考评价体系是根据新时代党的教育方针与国家教育改革相关政策文件构建的、符合素质教育全面发展要求的、用于指导高考内容改革和命题工作的测评体系”。

围绕高考人才选拔的要求，在命题过程中，瞄准社会焦点，结合长效热点，要“高度关注与国家经济社会发展”，以贴近时代、贴近社会、贴近生活的问题为载体，在命题中设置生活情境、学习情境、社会情境和学术情境，考查学生提出问题、分析问题和解决问题的能力，提高学生的综合素质。这正是新时代高考改革提出的新要求。

二、切合课程改革的需要

伴随新课程改革的深入，命题经历了传统注重知识立意，到能力立意，再到素养立意的发展轨迹，“素养立意”已经成为社会共识。《普通高中历史课程标准（2017 年版）》指出：“学生通过高中历史课程的学习，进一步拓宽历史视野，发展历史思维，提高历史学科素养，能够从历史发展的角度理解并认同社会主义核心价值观和中华优秀传统文化，认识并弘扬以爱国主义和核心的民族精神和以改革创新为核心的时代精神，具有广阔的国际视野，树立正确的世界观、人生观、价值观和历史观，为未来的学习、工作与生活打下基础。”历史教学应承担更多的责任和担当教育，因此在教学目标上重视历史学科素养的培育，引导学生从多角度对历史进行认识，拓展历史视野，发展历史思维，使学生在探究历史的过程中形成正确的历史观。基于此，在教学内容的选择上要更多体现时代性，通过历史源流把握现实世界的问题，在对历史的解释中让学生理解目前存在的现象。让学生通过历史学习，开阔视野，了解中国和世界的发展大势，增强历史使命感和责任感。

第五章

总结与反思

长效热点是指近代以来长期受人重视的历史问题。将长效热点融入高中历史教学，有利于落实立德树人的根本任务，有利于落实历史学科的核心素养，有利于提高学生的学习兴趣。

在选取长效热点素材时，应以新课标为中心，选择适当的长效热点作为素材，应关注作为历史主体的“人”，应充分利用乡土文化。在运用长效热点素材时，应坚持正确的价值导向，应突出家国情怀的培养，应注重批判性思维的训练，应将其融入学案编制、云平台资源库中，以上好历史课为中心，对其进行合理编辑并以多种方式呈现。

将长效热点融入高中历史教学的实践工作，是具有推广意义的。我们将继续努力，争取突破时空限制，争取制定出可操作的量化标准，进一步完善和推广该项实践工作的研究成果。

第一节　研究成果与总结

如何将长效热点融入高中历史教学，能否总结出若干方法和规律，是我们课题关注的核心问题。毕竟，我们的研究成果要具有推广价值，才能不负研究本课题的初心。现将我们研究时所遵循的规则，归纳为以下几个方面。

一、在选取长效热点素材时，应以新课标为中心，选择适当的时事热点作为素材

长效热点是指近代以来长期受人关注的历史事件，而时事热点是指近期受人关注的事件。两者相比较而言，长效热点的时间跨度长，而时事热点的时间跨度短。两者有着密切的联系，长效热点因为长期受人关注，所以它会在多个历史时期成为人们关注的热点。它的每一次受人关注，在当时就有可能表现为时事热点。时事热点因其新颖性，往往更引人瞩目。因此，在高中历史教学中融入长效热点素材时，有必要重视时事热点素材的选用。时事热点是非常丰富的，而历史课堂是有限的，这就要求我们对时事热点素材进行精心的挑选。展示给高中生的时事热点素材，应该与高中历史新课标的内容密切相关，并且有利于落实历史学科核心素养，否则不宜选用。

比如关于资产阶级代议制，每年都有大量的选举新闻可供选择。而具体到高中历史教学中，不应来者不拒，通通入选。新课标在讲资产阶级代议制时，以英法美德四国为主。如果我们选择了这四个国家的时事热点素材，那么在教学的操作上就会得心应手。而如果我们选择了南美、非洲、东欧等地的长效热点素材，则操作起来会相对困难一些。这些地区固然也有资产阶级代议制的运作，但由于并非新课标的教学重难点，教师在选用这些国家的代议制素材时，将不得不首先对这些国家的基本国情做一些简介，这势必要消耗一定的课堂时间。如此一来，应对教学重难点的时间就会减少，而时事热点素材的作用也会降低。

又如关于新中国的对外关系，每年同样有大量的外交新闻可供选择。但只要我们把握住了新课标的要求，在选材上就能有的放矢，就不会无所适从。按新课标的要求，新中国的对外关系，主要涉及四个方面的内容：新中国建立初期的重大外交活动与和

平共处五项原则；中国恢复在联合国的合法席位；中美关系正常化和中日邦交正常化；改革开放以来我国在联合国和地区性国际组织中的重要外交活动。在选取相关的时事热点素材时，有必要也必须以这四个方面的内容作为选材的首要标准，与之密切相关，则选，否则不选。

二、在选取长效热点素材时，应关注作为历史主体的“人”

历史，说到底，是人的历史。初中历史教材，侧重于史实的叙述，有鲜活的人的形象。高中历史教材，侧重于规律的总结，抽象的逻辑思维增加了，而鲜活的人的形象减少了。教师多讲规律的总结，对高考备考是比较有利的，学生也乐于接受，但要真正落实立德树人的根本任务，落实素质教育，落实历史学科的核心素养，则不能忽视对人的关注。有了人，历史才不会成为无本之木、无源之水。

并非所有的长效热点素材，都能很好地呈现人。但只要有呈现人的可能，我们就应努力去发掘。

比如，辛亥革命爆发时，孙中山正在美国宣传革命，筹集军饷。因生计所迫，孙中山去了一家华人餐厅里当服务员。有一天，他给客人上茶时，收到一份电报，这才知道中华民国可能成立的消息。①

又如，钟赤兵在长征中英勇负伤，右小腿被子弹打穿。在没有麻药的情况下，钟赤兵接受了右腿截肢手术。岂料术后感染，钟赤兵的右腿随后又做了两次截肢手术。半个月中三次截肢，无疑是极大的痛苦和不幸。但钟赤兵仍随部队爬雪山、过草地，以常人难以坚持的毅力，走完长征路。据钟赤兵当时的警卫员回忆：

---

① 唐德刚. 从晚清到民国［M］. 北京：中国文史出版社，2015：387－388.

"钟政委过雪山时没让人抬，他自己一点一点慢慢爬，经常从高处滚下来。"[①]

又如，毛泽东为了写《论持久战》，连续六七天吃不好饭，睡得极少，到第八天终于因劳累过度病倒。短暂休息后，毛泽东又重新投入写作，终于在第九天完成了五万多字的《论持久战》。[②]

这类的历史细节，绝对会深深地震撼学生的心灵：孙中山这样的革命领袖居然落魄到这种地步，而毛泽东、钟赤兵简直连命都不要了，他们是为了什么？毫无疑问，他们是为了国家和民族。一个国家和民族有了这样的伟大人物，我们有什么理由不热爱它呢？

也正是有了这些感人的人物的素材，学生才能更好地理解辛亥革命、长征、新民主主义革命的意义。当他们读到课本中高度概括的评价性文字而脑海中有伟人浮现时，我们的历史教学才算是真正意义上的成功。

三、在选取长效热点素材时，应充分利用乡土文化

一般而言，对于生活阅历尚不够丰富的高中生来说，他们的大部分时间是在家乡度过。生于斯，长于斯，从小的耳濡目染，使他们对家乡充满了热爱之情。他们乐于在各种社交媒体上分享自己家乡的美景美食以及民俗文化等，并且为之感到自豪。因此，教师在选取长效热点素材时，可以发掘出乡土文化中与历史课本密切关联的部分。这样带有乡土特色的长效热点素材，无疑能极大的激发学生的学习兴趣。

① 杨飞. 独腿虎将钟赤兵的传奇人生［J］. 湖北档案，2007（11）：33－37.

② 孟红. 毛泽东《论持久战》的写作情状［J］. 文史月刊，2005（5）：12－14.

以广东省佛山市顺德区为例，教师可以发掘出这样的乡土素材：

顺德伦教人梁廷枏是清末开眼看世界的知识分子之一，曾协助林则徐禁烟销烟；

顺德龙江人薛广森是民国时期广东著名民族工业家，抗战时期因拒绝日伪商会笼络，所办企业遭打击破产；

顺德勒流人梁敦彦是中国第一批留美幼童，他推荐詹天佑主持京张铁路，并力争筹建清华大学；

顺德杏坛人尢列是中国同盟会元老，青年时代与孙中山、陈少白、杨鹤龄并称“反清四大寇”。

这些发生在顺德的例子，无疑会让顺德学子产生情感上的共鸣：原来课本里所说的历史并不是遥不可及的，部分当事人就曾真实地生活在自己的周围。他们对于国家和民族的贡献是有目共睹的。前辈们如此璀璨炫目，彪炳史册，后辈们又如何能不奋勇争先，报效家国。有了这样的素材，学生对于此家此国，才能有更为真实的归属感。

四、在运用长效热点素材时，应坚持正确的价值导向

党的十九大报告所提出的落实立德树人的根本任务，其最终目的，是要培养社会主义的建设者和接班人。长效热点经常涉及大是大非问题，这就要求我们在运用长效热点素材时，要把价值观的引导放在首位。教师心中应有这样的观念：培养什么样的人、如何培养人以及为谁培养人。

比如关于十月革命的意义的讨论。苏联都解体了，十月革命还有意义吗？教师可以先让学生自由地表达看法，但最后必须向学生表明正确观点：苏联的挫折和解体，并不能抹去十月革命的意义；十月革命开辟了俄国的社会主义的道路，为世界提供了社会主义现代化的新模式，鼓舞了被压迫民族的解放斗争，其影响

是深远的。

又如，谈及现代中国的发展历程，不可避免要对改革开放前和改革开放后的历史进行一番比较。由于两个时期的差距较大，学生容易厚此薄彼。这时我们应该引导学生：两个时期都对社会主义道路做出了重大探索，没有前一时期的曲折发展，就不会有后一时期的继往开来。正如习近平总书记所说："不能用改革开放后的历史时期否定改革开放前的历史时期，也不能用改革开放前的历史时期否定改革开放后的历史时期。"①

五、在运用长效热点素材时，应突出家国情怀的培养

高中历史学科的五个核心素养，是一个不可分割的整体。但我们将长效热点素材融入高中历史教学中，可以有意识地侧重于某一学科核心素养的训练。与长效热点联系最紧密的高中历史学科核心素养，是家国情怀。

近代以来，世界各国之间的联系越来越紧密，相互之间的影响也越来越深。无论是国内还是国外的长效热点，都会对中国产生深远影响。这就要求我们在运用长效热点素材时，突出家国情怀的培养。

比如前述关于十月革命的意义的讨论。在引导学生正确地看待其历史意义之后，还应该再引导学生思考：中国也是社会主义国家；我们应该如何避免苏联所走的弯路，如何更好地建设中国特色的社会主义？

又如经济全球化与反全球化的问题。美国总统特朗普上台之后，为了维护自身国家利益，推行了一系列反全球化的措施。与

---

① 徐京跃，霍小光．习近平：不能割裂改革开放前后历史并相互否定［EB/OL］．［2013－01－05］．http://www.chinanews.com/gn/2013/01－05/4460409.shtml.

之相反，中国继续支持全球化，并得到国际社会的普遍赞扬。在此，我们应引导学生思考：经济全球化与反全球化，分别会对中国带来怎样的影响？

六、在运用长效热点素材时，应注重批判性思维的训练

批判性思维，简而言之，即“为决定相信什么或做什么而进行的合理的、反省的思维”①。在运用长效热点素材的过程中，如果只有正确价值观的引领、家国情怀的培养，课堂教学将显得有些单一。为了使这个过程变得有趣和有效，教师应注重训练学生的批判性思维，引导学生积极地进行合理的反思。引导学生反思的方法，可以是提问、辩论和研读史料。②

以儒学的现代意义为例，教师可以这样提问：我们有了马克思主义，为什么还需要儒学？如果没了儒学，我们会缺少什么？假设你是美国人，你会怎么看待儒学？

教师也可以组织这样的辩论赛：“儒学是否具有现代意义”“儒学能否助力民族的伟大复兴”“儒学能否代表世界文化的发展方向”等。

教师还可以引导学生研读儒学原著、新文化运动时期肯定和否定儒学的史料、儒学文化促进亚洲“四小龙”经济腾飞的史料等。

上述的三种方法无疑都能激发学生的求知欲，使其将被动学习转化为主动学习，从而有利于历史学科素养的提升。

七、在运用长效热点素材时，应将其融入学案编制、云平台资源库中

学案是指由教师编制的预习资料。完整的学案包括课程标准、

---

①② 赵亚夫. 批判性思维决定历史教学的质量［J］. 课程·教材·教法，2013（2）：71－77.

知识梳理、简答题、选择题、材料题等。在这些部分中，最有利于融入长效热点素材的是材料题，其次是选择题。

材料题的篇幅较大，可以整体反映长效热点的来龙去脉。比如笔者在编制关于平均地权的材料题时，就进行了这样的整合。

材料一　孙中山平均地权的思想，主要有两大来源。一是中国历史上的各种土地制度和学说，比如“三代之井田，王莽之王田（土地国有制）与禁奴，王安石之青苗，洪秀全之公仓（圣库制度）”。二是美国亨利·乔治的“单税社会主义理论”。亨利·乔治认为土地私有制是社会贫富不均的主要根源，主张土地国有，征收地价税归公共所有，废除一切其他税收，使社会财富趋于平均。

——摘编自冯自由《革命逸史》[①]、夏良才《亨利·乔治的单税论在中国》[②]

依据材料一并结合所学，概括孙中山平均地权思想的特点。

材料二　旧三民主义中平均地权的基本内容是核定地价、照价纳税、照价收买、涨价归公。民国建立前，孙中山侧重于强调核定地价、涨价归公。“核定天下地价。其现有之地价，仍属原主所有；其革命后社会改良进步之增价，则归于国家，为国民所共享。”民国成立后，孙中山侧重于强调照价纳税、照价收买。“私人所有土地，由地主估价呈报政府，国家就价征税，并于必要时依报价收买之。”照价收买表明国家有处置土地的最高权力。如果地主低报地价，国家照价收买，地主就吃亏；如果地主高报地价，而国家不进行收买，地主照价纳税，就要多交税，也是吃亏。孙中山认为，地主最明智的做法，就是合理申报地价。国民党一大召开之后，孙中山受到俄国革命影响，公开提出“耕者有其田”，

---

① 冯自由．革命逸史：第三集［M］．北京：中华书局，1981：206.

② 夏良才．亨利·乔治的单税论在中国［J］．近代史研究，1980（1）：248－262.

进一步发展了平均地权的思想。

——摘编自郭德宏《论孙中山的土地主张》(上)[①]

依据材料二并结合所学，谈谈平均地权在民国时期难以实现的原因。

材料三 20 世纪 40 年代末至 90 年代，台湾地区共实行了三次农地改革。1949 年至 1953 年，为第一次农地改革。国民党政权通过减租、放领国有土地、有偿征收地主土地等方式，扶植自耕农经济，促进了台湾农业的发展。但农地的细碎化，不利于土地规模经营。于是国民党政权于 20 世纪 70—80 年代开展了以土地相对集中、合作经营、机械化生产为内容的第二次土地改革。这次改革收效不大。到了 20 世纪 90 年代以后，台湾当局开展了以农地释出（农地向非农业部门流动）和调整农地资源配置为主的第三次农地改革，推动了台湾地区农业发展的转型。

——摘编自刘法威《平均地权的理论和实践研究》[②]、郭德宏《中国国民党在台湾的土地改革》[③]

依据材料三并结合所学，试比较台湾地区第一次土地改革与中国共产党土地改革（革命）的异同点。台湾地区第二、第三次土地改革，对大陆地区有何启示？

材料四 20 世纪 50 年代，在进行农地改革的同时，台湾地区也开始按照孙中山的平均地权思想进行都市土地改革。1954 年，台湾当局公布了《实施都市平均地权条例》。到了 20 世纪 70 年代，又把平均地权的范围拓展到全台湾的土地。核定地价的工作

---

① 郭德宏. 论孙中山的土地主张（上）[J]. 东疆学刊（哲学社会科学版），1991 (1)：31 - 38.

② 刘法威. 平均地权的理论和实践研究 [D/OL]. 南京：南京农业大学，2008：99 - 108.

③ 郭德宏. 中国国民党在台湾的土地改革 [J]. 中国经济史研究，1992 (1)：22 - 33.

于1978年全部完成；照价收买很少实行；而照价纳税和涨价归公通过税收的方式实行：原有地价收地价税，涨价部分扣除地主改良土地的费用，其余部分收土地增值税。地价税和土地增值税占台湾各县市总税收的70%～80%，成为地方最主要的税收来源。

——摘编自刘法威《平均地权的理论和实践研究》[①]、郭德宏《中国国民党在台湾的土地改革》

材料五　2010年1月，国务院办公厅发布《国务院办公厅关于促进房地产市场平稳健康发展的通知》。该《通知》要求增加保障性住房和普通商品住房有效供给，加快推进保障性安居工程建设，合理引导住房消费，抑制投资投机性购房需求。2018年1月，中共中央、国务院发布《中共中央国务院关于实施乡村振兴战略的意见》。该《意见》提出要深化农村土地制度改革，切实维护农民土地承包权、宅基地使用权、集体收益分配权等权利。2018年2月，中山市南朗镇关塘村刷爆朋友圈。该村出让土地的分红达12.88亿元，每位有股份的村民可分得350余万元。

依据材料四、材料五并结合所学，谈谈你对改善今天大陆地区土地政策的看法。

上述材料的选择和问题的设置，依次涉及这些方面：平均地权的思想来源；平均地权在民国时期无法实现的原因；平均地权在台湾地区的实践的启示；平均地权对今天中国大陆土地制度的启示。通过完成这道材料题，学生就能对平均地权的时空脉络有比较完整的认识。

材料题也可以只反映长效热点素材的某些片段。这样的材料题篇幅较短，设问较简单，更适合于新授课的使用。比如，笔者针对英国政体的新授课，编制了以下的材料题。

---

① 刘法威. 平均地权的理论和实践研究［D/OL］. 南京：南京农业大学，2008：108－113.

材料一　2016年6月23日，英国举行脱欧公投。投票结果表明：同意脱欧的有1 570万人，占投票总人数的51.9%；同意留欧的有1 458万人，占投票总人数的48.1%。脱欧派胜出后，首相卡梅伦宣布辞职。同年7月13日，在议会未重新选举的情况下，特丽莎·梅成为新首相。

材料二　有媒体报道，英国公投脱欧后的几个小时，英国人在谷歌上搜索“什么是欧盟?”的人数激增了250%。一时间人们纷纷质疑，英国人的脱欧公投是否过于草率。而事实上，英国脱欧后，每天检索“什么是欧盟?”的英国人不到1 000人。

（1）根据材料一并结合所学，推测特丽莎·梅成为新首相的条件。

（2）根据材料二并结合所学，谈谈你对英国脱欧公投的看法。

又如，针对俄国十月社会主义革命，笔者编制了以下的材料题。

材料　2016年3月，俄罗斯人以执政前后国家的总体情况、人口数量、居民生活水平、国家经济实力、军事实力以及包括意识形态在内的全球影响力等十项标准，评价20世纪以来俄罗斯的十位领导人的功过，包括末代皇帝尼古拉二世、临时政府总理克伦斯基、列宁、斯大林、赫鲁晓夫、勃列日涅夫、戈尔巴乔夫、叶利钦、梅德韦杰夫、普京。结果显示，列宁、斯大林、普京的上述得分均为正面，并列第一。而戈尔巴乔夫和叶利钦有9项评价均为负面而位居最后。

（1）根据材料并结合所学，谈谈列宁受推崇的原因。

（2）苏联解体导致很多人否定十月革命，谈谈你的看法。

与材料题相比，选择题的篇幅大为缩短，知识容量有限。但我们同样可以将长效热点素材的某些片段融入选择题中。

比如，为了探讨近代资产阶级代议制的发展，笔者编制了以下选择题。

1. 沙皇亚历山大二世时期，俄国城市建立了城市杜马（议会）。杜马由选举产生，主要负责地方的文化、教育、卫生等公共事务。但大部分省长继续把自己当作“全省的主人”，不尊重城市杜马的权利。这表明当时俄国

A. 初步建立民主政体　　B. 仍须进行制度改革

C. 君主专制色彩浓厚　　D. 社会矛盾逐渐激化

2. 1862 年这一年内，俄国共有 400 处领地发生了严重的农民暴动，沙皇政府对农民暴动进行严厉镇压。这反映了当时俄国

A. 农奴制改革尚未开始　　B. 农民阶级力量分散

C. 农奴制改革作用有限　　D. 阶级矛盾十分尖锐

3. 1889 年的《大日本帝国宪法》承认国民有言论、集会、结社等权利，但被称为天皇统治下的“臣民”，拥有的权利随时可能被剥夺和限制。这表明当时日本

A. 天皇总揽军政大权　　B. 建立了君主立宪制

C. 民主政治有待完善　　D. 人民毫无政治权利

4. 由表 5－1 可推知当时的德意志帝国

表 5－1

德意志帝国首相	任职时间/年	下台的主要原因
俾斯麦	1871—1890	与威廉二世政见不合
卡普里维	1890—1894	失去议会支持
霍亨洛厄	1894—1900	年老退休
比洛	1900—1909	与威廉二世政见不合，失去议会支持
霍尔维格	1909—1917	失去议会支持

A. 具有代议制的部分因素　　B. 首相获议会支持可连任

C. 议会能够有效制衡皇帝　　D. 君主立宪政体较为完善

除了纸质的学案，教师还可以利用云平台资源库来融入长效热点素材。云平台资源库指的是网络资源库，其资源由教师收集

上传，学生通过客户端可以随意浏览。云平台能有效扩大知识容量，帮助学生进行深度学习。

比如，上“五四运动”这一内容时，教师可以将上课所用的课件、导学案等资料，上传到云平台。自习课上，学生可以使用平板电脑登录云平台，可以通过网络完成课文的预习以及学案的作答和更正。云平台具有自动统计数据的强大功能。教师通过分析云平台所提供的数据，能够准确地把握学生的知识薄弱环节，进而有针对性地进行讨论展示课的教学安排。如此一来，就能大大提高教学的效率。除了上传在课堂上使用的资料之外，教师还可以上传与五四运动相关的拓展性资料，包括重要的学术著作、有深度的节目视频、再现历史风貌的电影、最新学术研究文章等。这些资料可以供学有余力的学生做更深层次的思考。这种思考不仅有利于他们更好地提升历史学科的核心素养，同时也可激发他们将来从事历史研究的兴趣。

八、在运用长效热点素材时，应以上好历史课为中心

过去的一切，都算是历史，所以历史是无所不包的。但高中历史课的内容是有限的，其教学目的也是明确的。高中历史课的内容是初中历史课的抽象总结，其教学目的是落实历史学科核心素养。在运用长效热点素材时，我们应注意，所选用的素材都是为历史学科的核心素养服务的，都是为上好历史课服务的。历史课就应该上成历史课的样子，而不能因为融入了长效热点素材，结果变成了政治课、军事课、美术课，等等。

比如上“五四运动”这一课，如果将精力集中在北洋政府的代表顾维钧如何在巴黎和会上据理力争、最终宣告失败的详细情节上，则这节课虽然动人，也有画面感，但却成了政治外交课了。如果教师再作一番拓展，将当时的抵制日货行为和今天的抵制日货行为联系起来，并呼吁要理性爱国，则这节课仍不算是历史课。

要把“五四运动”这一课上成历史课，则需在当时的时代背景下讨论问题：为何巴黎和会上的外交会失败？为何当时会有抵制日货的行为？为何当时学生罢课、工人罢工、商人罢市，全国雷动？在解答这些问题的过程中，学生便会认识到，这是那个时代的必然，是历史的必然。如此一来，这节课才算是真正的历史课。

又如讲甲午战争这一课，如果过分关注海战的细节，关注双方的兵力布置、舰艇阵型、战术指挥、战斗进程等，则这节课虽然扣人心弦，令人着迷，但却上成军事课了。要将其上成历史课，还是要关注教学重难点的解决：为何海战会失利？为何海战失利后陆战也失利？为何是李鸿章一个人面对一个帝国？大清王朝在制度上存在着哪些致命的缺陷？这一战如何影响了中日两国的历史进程？

又如讲近现代西方美术，如果过多地去分析新古典派、印象派、后印象派、现代主义派的绘画和技巧，则这节课的内容虽然丰富多彩，而且饱含学术气息，但这就上成美术鉴赏课了。要准备一节专业的美术课，对一个历史老师来说，是比较艰难的。如果我们将其上成历史课，则要轻松得多。作为一节历史课，我们的重点是在于把握各种绘画风格形成的时代背景：新古典派新在表现法国大革命；印象派是对科技发展的回应；后印象派开始运用抽象变形来表达人的内心；现代主义派采用抽象手法表达对世界大战和经济危机的迷茫。

综上可知，无论我们运用怎样的长效热点素材，这些素材都应该是为上好一节历史课而准备的。只有把握住了运用长效热点素材的目的，才能在历史课堂上真正发挥其作用。

九、在运用长效热点素材时，应对其进行合理编辑，并以多种方式呈现

长效热点素材是非常丰富的，比如关于辛亥革命的专著，就在1 000种以上。教师在挑选素材时，可以找到许多密切相关的。耗费许多精力找来的素材，还要进行选择取舍再呈现给学生。否则，学生初次面对这些又长又多的素材时，自然是应接不暇的。所以对长效热点素材进行合理的取舍、编辑，就显得非常重要了。

同样以“辛亥革命”这一课为例，教师在选择素材时，最好不要超过5则材料，而且每一则材料，如果是文字的话，最好不要超过10行。过长过多的素材，与高考的题型要求是不符的。在材料的设问和分值设置上，也应该以高考的要求为准则。这样一来，既训练了学生的历史学科核心素养，同时又提升了他们的高考备考能力，可谓是一举两得。

除了文字上的裁剪和整合，教师还可以利用其他的方式来呈现长效热点素材，比如选用或制作音频、视频、课件、图片、表格等类型素材。这些素材比起文字，更具有直观性，更能激发学生的学习兴趣。

此外，教师还可以尝试将长效热点融入诗歌创作、漫画创作、话剧表演、短视频创作中。这类活动，需要教师付出更多的精力，但其收获也更多。笔者曾利用体艺节的时间，开展了以近现代时政大事为主题的诗歌创作以及漫画创作比赛，得到了学生的踊跃支持。学生的创作热情，大大超乎了我们的想象。要创作，就必须有深度的思考，才能找到自己心目中最佳的呈现方式。对于参与创作的学生来说，这两场比赛，以一种轻松愉快的方式，无形中提升了他们的历史学科核心素养。

至于话剧表演和短视频创作，虽然在操作上也有难度，但由于学生有强烈的兴趣，也值得尝试。现在的学生都比较乐于表现自我，尤其是希望自己的才艺能够获得网友们的点赞。将话剧表演的视频以及其他创作的视频分享到网络，对学生来说有着极大的吸引力。所以，教师也应重视这两种呈现方式。

第二节　研究反思与展望

过去的五年，是拼搏进取、求实创新的五年。我们运用了文献研究法、行动研究法、问卷调查法、案例研究法、比较研究法等多种研究方法，来开展我们的研究。随着研究的深入，我们不断地优化研究方法，因而能够持续地取得新的研究成果。即使如此，我们的研究仍存在着一些不足之处。正视这些存在的问题，有助于我们在下一阶段做得更好。

首先，是时空的局限。我们的研究对象是最近五年罗定邦中学的在读学生。我们没有将研究时段再进一步拉长，没有将研究对象的地域进一步拓展。长时段、大地域的研究，无疑会使我们得到的经验，更具有实践价值和推广意义，但囿于时间、精力，我们无法对研究的时空进行更大范围的拓展。

其次，是内容的局限。我们将长效热点融入高中历史教学，主要采用将长效热点融入导学案的方式。一份精心编制的融入长效热点的导学案，需要耗费编制者大量的时间和精力。我们的团队，分散到多个年级，最多每个年级只有两人。如果每节新课都采用编制导学案来融入长效热点，实在是难以实现。所以我们只能挑选一些重要的与课本内容密切相关的长效热点来编制导学案。简而言之，我们更多的是进行案例研究，而非全面研究。

再次，是缺少可量化的标准。长效热点融入高中历史教学，无疑有助于提升教学的有效性。但教学的有效性受到了诸多因素的影响。通过五年的实践，我们得到的研究结果是：使用长效热点学案的班级，与不使用长效热点学案的班级，在学业成绩上，并没有明显的优势；但在情感价值方面，前者有较为明显的提升。情感价值方面的提升，固然是可喜的，证明我们的研究是有价值的。而另一方面，学业成绩上的缺乏优势，也促使我们思考：好的长效热点学案的标准是什么？有没有可量化的标准？

有局限，就要思改进。我们将持续优化和改进，力争在新的研究周期里，能够在研究课题的时空、内容、量化标准上，取得新的突破。

我们研究课题的初衷，就是发现问题，解决问题。经过五年多的实践，我们在长效热点融入高中历史教学的探索中，取得了一定的成果。这些成果，不仅应该用来指导我们的教学实践，而且也应该成为其他高中历史教师的可供借鉴的资料。因此，将课题的成果推广，是很有意义的。为了把我们的课题成果推广出去，我们计划完成以下工作。

首先是课题成果的归纳整理。我们要推广的成果，不应是零散的、庞杂的，而应是系统的、有条理的。我们的成果可以分为四类，一是长效热点素材，二是长效热点学案，三是长效热点教学案例，四是长效热点论文和著作。对于第一类成果，我们将按长效热点的不同类型，对其进行分类。比如，将政治现代化的素材归类在一起，其他的经济现代化、文化现代化、城市化、土地制度变迁、国家统一、世界和平、经济全球化、区域经济集团化、文化融合等方面的素材，也是如此。对于长效热点学案，我们将按其内容，将其归类为必修一学案、必修二学案、必修三学案、高三一轮复习学案、高三二轮复习学案、高三三轮复习学案等。对于第三类成果，我们将致力于集齐每一个教学案例的全部资料，具体包括上课前的教学设计和教案，上课时所用的学案、课件及其他的教学素材，上课后的教学反思和调查问卷等。对于第四类成果，我们努力将其用于论文比赛、期刊发表和著作出版。我们课题组的成员，都努力撰写论文进行参赛，目前已有多篇文章在顺德区的论文比赛中获奖。我们的课题组成员，还在国家级核心期刊《中学历史教学参考》《中学历史教学》上累计发表论文3篇，使我们的课题能够为国内同行所认知。著作出版有本书的出版。在本书中，我们将通过案例分析的方法，系统地总结我们的经验和局限，以期为我们的研究成果，做一个目前为止最为全面的总结。

其次是课题成果的网络推广。我们并不满足于纸质的推广，我们还要进行网络的推广。我们计划将我们的成果，系统有序地发布到网络平台上，以供全国历史同行交流分享。我们的推广策略，既不是搞专门的网站，也不是搞专门的公众号，而是与中学历史教学园地网站进行合作。众所周知，中学历史教学园地网是目前全国知名的高中历史教学网站，我们的合作主要分为两个部分：一是在网站上开辟长效热点专栏，将我们的成果，全部发布上去；二是在网站上举行长效热点专题的比赛，比如长效热点教学设计比赛、长效热点课件制作比赛、长效热点诗歌创作比赛、长效热点漫画比赛等。第一部分的合作，能将我们的成果展现在全国同行面前，并且产生持久的影响力。第二部分的合作，不仅能够激发更多的师生关注长效热点，而且也能够使我们获得探索长效热点的新材料。

再就是课题成果的深化研究。尽管我们已经取得了一些成果，但我们的课题仍有许多值得完善的地方。我们不能对这些问题视而不见，置之不理。这五年多的研究成果，对我们而言，只是阶段性的成果。我们仍需要不断努力，去完善我们的成果。完善成果最好的办法就是持续研究下去。为了持续深化研究，我们将升级我们的课题研究级别，以便我们获得更大的影响力和更多可供支配的资源。以下是我们为升级课题研究级别所做的“三个阶段”计划。

第一阶段，我们将争取申报市级课题，在佛山市范围内进行试点推广。我们将在佛山市教研室的帮助下，联系各区不同层次的学校，这些学校将无偿获得我们已有的研究成果，并可将其用于教学实践。作为回馈，这些学校需要向我们提供应用长效热点素材的相关数据。我们分析数据之后，将对原有的研究成果进行修正和完善，并将新的成果继续提供给这些学校。这对于双方，是互惠互利的，所以我们能够实现长期的良性互动，而非流于形式的短暂互动。

第二阶段，我们将争取申报省级课题，做进一步研究，在广东省范围内进行试点推广。这一阶段的研究，将同样采取我们提供成果、对方提供反馈数据的互动方式。鉴于广东省的地区差异，我们将其分为四个区域进行对比研究，分别是珠江三角洲、粤东、粤北、粤西。我们将根据各区域的实际教学情况，制定相应的研究策略。

第三阶段，我们将争取申报国家课题，做更深层次的研究，在全国范围内进行试点推广，以期在国内形成一定的影响力。这一阶段的研究范围以及难度都超过了前两个阶段。因此，只有坚实地完成了前述第一、第二阶段的探索，我们才可以有信心和能力去应对更多的机遇与挑战。

综上可知，我们将通过归纳整理课题资料、网络推广课题资源、提升研究级别的方式，来推广我们的课题成果，扩大我们课题的辐射面。我们不仅要在推广中深化研究，而且要在深化研究之后做更进一步的推广。

参考文献

[1] 教育部考试中心. 中国高考评价体系 [M]. 北京：人民教育出版社，2019.
[2] 中华人民共和国教育部. 普通高中历史课程标准（2017 年版）[M]. 北京：人民教育出版社，2018.
[3] 齐健. 走进高中历史教学现场 [M]. 北京：首都师范大学出版社，2012.
[4] 黄仁宇. 中国大历史 [M]. 2 版. 北京：生活·读书·新知三联书店，2007.
[5] 安德森. 布卢姆教育目标分类学：分类学视野下的学与教及其测评：完整版 [M]. 北京：外语教学与研究出版社，2009.
[6] 唐德刚. 从晚清到民国 [M]. 北京：中国文史出版社，2015.
[7] 冯自由. 革命逸史：第三集 [M]. 北京：中华书局，1981.
[8] 蓝新盛. 高中历史新课程中问题教学策略的探究 [D]. 长沙：湖南师范大学，2007.
[9] 王洪霞. 高中历史课堂提问有效性研究 [D]. 大连：辽宁师范大学，2008.
[10] 贾景艳. 论高中历史课堂提问的有效性：以高密一中学案导学模式为例 [D]. 烟台：鲁东大学，2012.

［11］苗碧. 高中历史课堂教师有效提问探究［D］. 锦州：渤海大学，2017.
［12］季欣怡. 提升高中历史课堂提问效益的优化设计［D］. 南京：南京师范大学，2007.
［13］张雅婷. 近五年（2014—2018）高考历史Ⅱ卷有关经济史内容的探究［D］. 呼和浩特：内蒙古师范大学，2019.
［14］赵崴. 近五年高考历史非选择题中的历史解释素养的要求研究［D］. 武汉：华中师范大学，2018.
［15］孙衍盼. 近五年高考历史命题趋势及教学应对策略研究：以新课标全国Ⅰ卷为例［D］. 济南：山东师范大学，2018.
［16］陈瑶. 高考历史新课标全国卷第40题学科能力考查研究［D］. 南充：西华师范大学，2017.
［17］刘法威. 平均地权的理论和实践研究［D］. 南京：南京农业大学，2008.
［18］黄牧航，王思莹. 全国卷：关注社会热点，贴近时代生活［J］. 中国教育报，2014（14）.
［19］黄牧航. 十年新课程历史科高考命题改革的回顾与分析（上）［J］. 中学历史教学，2016（7）.
［20］黄牧航. 十年新课程历史科高考命题改革的回顾与分析（中）［J］. 中学历史教学，2016（8）.
［21］黄牧航. 十年新课程历史科高考命题改革的回顾与分析（下）［J］. 中学历史教学，2016（9）.
［22］郑林，赵璐，孙瑞. 基于学科能力的高考历史命题研究［J］. 中国考试，2019（8）.
［23］教育部考试中心. 深化考试内容改革凸显学科育人功能：2019年高考历史试题评析［J］，中国考试，2019（7）.
［24］孙殿元. 从近年高考历史试题谈解题策略与素养提升［J］. 高中历史教学参考，2019（11）.

[25] 高槐泽. 高考历史材料题高频点归纳 [J]. 中学历史教学参考, 2017 (20).
[26] 孙殿元. 由新高考评价体系看高三历史教学策略 [J]. 中学历史教学参考, 2019 (21).
[27] 徐京跃, 霍小光. 习近平: 不能割裂改革开放前后历史并相互否定 [EB/OL]. [2013-01-05]. http://www.chinanews.com/gn/2013/01-05/4460409.shtml.

后　记

呈现在我们面前的这部书稿就要出版了!

近五年的时光里，我们在余逸主任的带领下，从课题酝酿到申报，从开题到结题，从初稿到反复修订，真的是收获了专业的成长和研究水平的提升。这本小书凝结了我们每一个人的智慧和力量，当然这也仅仅是我们取得的阶段性成果。

全书从体例、纲目到撰写、修改，都是在余逸主任的鼓舞、组织和策划下逐步完成的。由于本书脱胎于顺德区“十二五规划”重点课题“时政热点在高中历史探究案运用中的有效性研究”，所以我们首先要特别感谢指导课题研究的华南师范大学历史文化学院黄牧航教授、王继平教授和张向阳副教授，感谢魏恤民老师、陈维坚老师和李长福老师三位特级教师，感谢罗定邦中学专职副书记刘彦先生，感谢容山中学副校长张东升先生，还要感谢顺德区罗定邦中学校长熊文华先生等的大力支持。

本书能够得以面世，还要感谢广东高等教育出版社的鼎力支持，感谢黄红丽总编辑、刘秀芝主任对本书的重视和关注。本书编写过程中参阅了许多文献资料，吸收了许多新的研究成果，在此，我们要特别感谢学界大师、专家们、老师们所给予的启迪和帮助!对于书中存在的失误或疏漏之处，也恳请大家批评指正!

最后，还要再次感谢魏恤民老师，承蒙他在百忙之中为本书赐序推荐，使本书增色添辉，我们更是深受鼓舞，当成一种鞭策。希望本书能够为从事高中历史教学或研究的老师们带来一点启发，若如此，则我们的心愿足矣！

编委会
2020 年 2 月